westermann

# EinFach Deutsch



Rebekka Kricheldorf

# Homo Empathicus

Erarbeitet von
Alexander Kühn
Nadja Peterson

Herausgegeben von
Johannes Diekhans
Lukas Diekhans

Druck A[1] / Jahr 2024
Alle Drucke der Serie A sind im Unterricht parallel verwendbar.

Druck und Bindung: Westermann Druck GmbH, Georg-Westermann-Allee 66, 38104 Braunschweig

ISBN 978-3-14-**108111**-4

# Rebekka Kricheldorf: Homo Empathicus

**Text** . . . . . . . . . . . . . . . . . . . . . . . . . . . . . . . . . . . . . . . . 5

**Anhang** . . . . . . . . . . . . . . . . . . . . . . . . . . . . . . . . . . . . . . . . 68

**1. Rebekka Kricheldorf** . . . . . . . . . . . . . . . . . . . . . . . . . . 68
Eine biografische Notiz . . . . . . . . . . . . . . . . . . . . . . . . . . 68
Nadja Peterson, Leander Teichert, Alexander Kühn: THGfm im Gespräch mit Rebekka Kricheldorf . . . . . . . 69

**2. Wie aus Sprache Bewusstsein wird** . . . . . . . . . . . . . . 77
Alexandra Wölke: Merkmale der Sprache nach Ferdinand de Saussure . . . . . . . . . . . . . . . . . . . . . . . . . . . . . 77
George Orwell: Grammatik der Neusprache . . . . . . . . 79
Grammatikalische Grundbegriffe geschlechtergerechter Sprache . . . . . . . . . . . . . . . . . . . . . . . . . . . . . 83
Frank Hertweck: Binnen-I und Sternchen auch in der Literatur? . . . . . . . . . . . . . . . . . . . . . . . . . . . 89

**3. „Homo Empathicus“ auf der Bühne** . . . . . . . . . . . . . 92
Szenenbilder aus der Göttinger Uraufführung aus dem Jahr 2014 . . . . . . . . . . . . . . . . . . . . . . . . . . . . . 92
Jan Fischer: Fegefeuer der Euphemismen (Rezension) . . . . . . . . . . . . . . . . . . . . . . . . . . . . . . . . 97
Rashid Ben Dhiab: Menschgemachtes Eden (Rezension) . . . . . . . . . . . . . . . . . . . . . . . . . . . . . . . . 100
Friederike Emmerling, Oliver Franke, Stefanie von Lieven, Barbara Neu, Bettina Walther: Zeitgenössisches Theater. Eine Quote für neue Dramatik! . 105

**4. Das Utopische in der Literatur und im Alltag** ..... 109
Alexander Kühn: Utopie – Die Faszination eines Nicht-Ortes ..... 109
Aldous Huxley: Schöne neue Welt (Auszüge) ..... 116
Nadja Peterson: Achtsamkeit in der Schule ..... 119
Anna-Kathrin Hentsch: Toxic Positivity – Warum zu viel Optimismus schaden kann ..... 122

**5. Methoden zur Texterschließung** ..... 126
Szenische Interpretation ..... 126
Die schriftliche Interpretation und die literarische Erörterung ..... 129

Das Werk entstand im Auftrag des Deutschen Theaters Göttingen.

## Personen

**Doktor Osho**, Wegsprechendes
**Tony**, Hygienespezialisiertes
**Wachstumsexperte Sam**, stumm
**Schwesterbruder Charity**
**Charlie**, Ernährendes
**Nikki**, Musizierendes
**Fabien**, Schauspielendes I
**Conny**, Schauspielendes II / Adam (m)
**Maxime**, Schauspielendes III / Eva (w)
**Alex**, Mensch von Sascha (m)
**Sascha**, Mensch von Alex (m)
**Jackie**, Studierendes
**Ulli**, Studierendes
**Chris**, Studierendes
**Momo**, Studierendes (m)
**Professor Möhringer**, Dozierendes
**Kim** mit Baby
**Lu**, Geschäftsmensch I
**Leslie**, Geschäftsmensch II
**Claude**, Geschäftsmensch III
**Meister Moo**, Supervisor
**Luca**, Kind von Kay, Kürzerlebendes (m)
**Kay**, Elter von Luca und Heilendes
**Pat**, Lucas Mensch, Kürzerlebendes (w)
**Camille**, Lyrisches und Längerlebendes (w)
**Raja**, Sportives

Bei allen Figuren ohne Geschlechtszuweisungen (m/w) ist das Geschlecht egal.

# Ort

Ein Park

„Hell is your private creation."
Bhagwan

*Es ist in der in diesem Stück beschriebenen Welt normal, eine zärtliche, nicht sexuell gemeinte Körperlichkeit zu zelebrieren[1]. Die Personen berühren, streicheln und fassen sich im Gespräch viel häufiger an, als wir es gewohnt sind. Die Entscheidung, wann wo wer wen wie berührt, ist Schauspiel und Regie überlassen.*

*Alle Personen tragen eine Einheitskleidung, Uni genannt, die aussehen mag wie die Mischung aus einem Pyjama und einer Dschellaba[2]. Die Frisuren sind zwar nicht komplett genormt, aber doch recht einheitlich.*

*Im Park. Locker im Park verteilt: Bauchige Wasserspender mit Becherhalter. Vogelgezwitscher. Jackie, Chris, Ulli und Momo, die Studierenden, bilden eine Gesprächsgruppe am Wasserspender. Im Hintergrund spielen Luca und Kay Federball. Sascha meditiert oder macht Übungen. Kim sitzt mit einem Baby auf dem Schoß auf einer Bank und summt leise vor sich hin. Ein Klohäuschen mit Herz, vor dem das Hygienespezialisierte Tony sitzt und auf Kundschaft wartet. Schwesterbruder Charity sitzt auf einer Bank und liest. Das Musizierende Nikki packt seine Gitarre aus, klimpert ab und zu auf ihr herum, die Vorbeigehenden werfen ihm Blumen und Nahrung zu, bringen ihm Wasser. Doktor Osho in seiner Freiluftpraxis. Charlie hinter seinem Stand. Sam kehrt mit einem Rechen heruntergefallene Blätter zusammen, repariert kaputte Parkbänke, füllt die Wasserspender wieder auf. In einem Baum hängt ein großer Gong.*

---

1 zelebrieren: feierlich begehen; ehren, hochhalten
2 Dschellaba: weites arabisches Männergewand aus Wolle

# 1

*Jackie, Ulli, Momo, Chris.*

**Chris.** Wie fandet ihr Professor Möhringers Vorlesung heute?

**Jackie.** Ich fand sie großartig.

**Momo.** Ich auch.

**Ulli.** Ich auch.

**Jackie.** Wie geschickt es Bildsprache und Symbolebene verknüpfte.

**Chris.** Ja, genau.

**Ulli.** Genau.

**Momo.** Genau.

**Chris.** Besonders gelungen fand ich seinen Exkurs über die Spiegelneuronen[1] bei Schimpansen.

**Ulli.** Ja. Hochinteressant, wie es die wechselseitige Fellpflege als Instrument der Erkundung der inneren Befindlichkeit des Gegenübers darzulegen vermochte.

**Jackie.** Ja, fand ich auch.

**Momo.** Es ist ein Privileg, den Ausführungen eines solchen Ausnahme-Talents lauschen zu dürfen.

**Ulli.** So ein kluges Mensch. Ich freu mich schon darauf, sein neues Buch zu lesen.

**Jackie.** Wie hieß sein letztes noch mal?

**Chris.** Meinst du „Reflexionen eines Philanthropen[2] an der Schwelle der Gezeitenwende[3]"?

**Jackie.** Genau. Das war toll. So tief.

**Momo.** Kannst du es mir leihen?

**Chris.** Natürlich. Aber gib mir bitte noch etwas Zeit. Ich hab

---

1 Spiegelneuronen: Nervenzellen im Gehirn, die im Zusammenhang mit Handlungen aktiviert werden und Einfühlungsvermögen für das Gegenüber ermöglichen

2 Philanthrop: Menschenfreund; jemand, der gerne etwas für andere tut

3 Gezeitenwende: Wechsel zwischen Ebbe und Flut; hier: Veränderung des menschlichen Handelns und Denkens

dadrin mit Bleistift rumgekritzelt, Anstreichungen gemacht, die ich gern vorher ausradieren möchte.

**Momo.** Warum?

**Chris.** Ich finde es bevormundend, ein Buch mit Anstreichungen zu verleihen. Das ist, als würde ich deine individuelle Abenteuerreise durch den Ideendschungel durch einen Pauschalurlaub ersetzen. Statt neue Wege sollst du meine ausgetretenen Pfade laufen? Damit nehme ich dich als selbstständig Denkendes doch nicht ernst.

**Momo.** Du hast eine interessante Art, die Dinge zu betrachten, Chris. Ich bekomme gern Bücher mit Anstreichungen geliehen. Das baut eine so schöne intellektuelle Brücke von Lesendem zu Lesendem auf. Das erzeugt ein so warmes Gefühl des Aufgehobenseins in einem gemeinsamen Denk-Raum. Das Bewusstsein, den Raum nicht als Erstes zu betreten, sondern dort Spuren derer zu entdecken, die ihn schon vor mir betraten, gibt mir sehr, sehr viel, Chris.

**Chris.** Ich teile deine Meinung nicht, aber ich respektiere sie. Und leihe dir das Buch mitsamt den Anstreichungen. Wenn du daran Vergnügen hast, muss ich eben über meinen Schatten springen.

**Momo.** Danke, dass du Verständnis für meinen Standpunkt entwickeln konntest.

**Chris.** Bitte. Noch ein Wasser?

**Momo.** Gern.

*(Chris füllt zwei Becher mit Wasser und drückt einen davon Momo in die Hand.)*

**Jackie.** Wisst ihr, was heute Abend spricht?

**Ulli.** Ich glaube, es ist Professor Rühl.

**Momo.** Entschuldige, dass ich dich korrigiere, aber ich bin mir ziemlich sicher, dass es Professor Gerber ist.

**Ulli.** Wirklich? Dann tut es mir leid, mit dieser Fehlinformation Verwirrung gestiftet zu haben.

**Momo.** Das macht doch nichts.

**Jackie.** Das passiert jedem mal.

**Momo.** Gestern ist mir das auch passiert.

**Jackie.** Mir auch.

**Chris.** Mir auch. Da behauptete ich, es gäbe Quinoa-Quiche in der Mensa. Obwohl Mensch ja weiß, dass Donnerstag Salbeitofu-Tag ist.

**Jackie.** Wir machen alle mal Fehler.

**Momo.** Das ist nur menschlich.

**Jackie.** Wollen wir Kapitel fünf noch mal durchgehen?

**Momo.** Ja!

**Chris.** Gern.

**Ulli.** Unbedingt.

*(Sie setzen sich und lesen, indem sie sich gemeinsam leise auf wichtige Sätze aufmerksam machen. Etwas abseits hält Sascha in seiner Meditation inne und beobachtet die Gruppe.)*

## 2

*Luca und Kay haben ihr Spiel beendet und gehen zum Wasserspender.*

**Luca.** Ich befinde mich in einer sehr schwierigen Lage.

**Kay.** Das verstehe ich, Luca.

**Luca.** Einerseits drängt es mich nach draußen, in die Welt. Ich will meiner Erlebnis-Neugier folgen. Durch die Kontinente trampen, mich treiben lassen, leben. Andererseits lockt mich auch ein enormer Wissensdurst in die Bildungsinstitute. Da ich mich mit zwanzig auf der Höhe meiner kognitiven Leistungskraft befinde, möchte ich diese so gut nutzen wie nur möglich.

**Kay.** Mir gefällt, wie du denkst. Aber deine Lage ist gar nicht so schwierig, wie du glaubst. Ich würde dir raten, zuerst eine kleinere Reise zu unternehmen und dich danach für dein Lieblingsfach einzuschreiben. Wenn du dein Studium beendet hast, bist du immer noch kürzerlebend genug, um mit deinem Rucksack ein, zwei Jahre durch die Welt zu streifen.

**Luca.** Vielen Dank, dass du mir mit deiner Lebensklugheit und Erfahrung zur Seite stehst und hilfst, mich für das Richtige zu entscheiden.

**Kay.** Aber das ist doch meine Aufgabe als Elter, Luca.

**Luca.** Kay. Keiner kennt mich so gut wie du. Würdest du mir eher zu ethischer[1] Stadtentwicklung oder zu Psychologie des Gemeinwesens raten?

**Kay.** Das ist nicht so einfach. Ich kenne und schätze deine Zeichenkünste, deine Genauigkeit und dein großartiges räumliches Vorstellungsvermögen. Aber auch deine Sensibilität im Umgang mit Menschen, deine Fähigkeit, gut zuzuhören, und dein Gespür für Befindlichkeiten anderer ist

---

[1] ethisch: Sich mit dem moralischen, wertebasierten Handeln der Menschen auseinandersetzend. Umgangssprachlich ist der Begriff positiv gemeint und kann mit „gut" oder „richtig" übersetzt werden.

offensichtlich. Wir müssten eine Aufgabe für dich finden, die all deine Talente gleichermaßen fördert und fordert.

**Luca.** Aber was, was könnte das sein? Ich sitze hier rum und lasse mein Potenzial verpuffen. Dabei könnte ich schon längst was gelernt haben und der Gesellschaft von Nutzen sein. Das ist so verantwortungslos.

**Kay.** Sei nicht so ungeduldig. Du hast noch so viel Zeit. Inzwischen lass das Leben auf dich wirken. Ich als Elter möchte, dass mein Kind all die emotionalen, sexuellen und intellektuellen Abenteuer erlebt, die aus ihm einen vielschichtigen, interessanten Charakter formen. Ich spreche da auch im Namen von Elter zwei, das dich übrigens ganz lieb grüßen lässt.

**Luca.** Vielen Dank! Bitte richte ihm aus, dass ich es sehr, sehr liebe.

**Kay.** Es liebt dich auch sehr, Luca. Und ich, ich liebe dich auch.

**Luca.** Ich liebe dich auch sehr, Kay.

**Luca.** Weißt du, was ich glaube?

**Kay.** Was denn, mein Kind?

**Luca.** Ich glaube, ich habe die besten Eltern der Welt.

*(Fabien kommt und drückt ihnen Handzettel in die Hand.)*

**Kay.** Sieh nur, ein Schauspielendes!

**Fabien.** Mögt ihr Kunst?

**Luca/Kay.** Ja!

**Fabien.** Dann kommt heute um achtzehn Uhr hier auf die Wiese. Wir führen ein Stück auf.

**Luca/Kay.** Wie schön! Wir kommen!

*(Fabien geht weiter.)*

*(Die beiden sitzen noch ein bisschen zusammen, irgendwann verabschiedet sich Kay. Luca bleibt alleine zurück und genießt die Sonne. Irgendwann kommt Pat mit einem Picknickkorb. Es begrüßt es zärtlich und hilft ihm, die Picknickdecke auszubreiten und den Korb auszupacken. Sie setzen sich, essen und knutschen.)*

*(Raja flitzt einmal quer durch den Park. Es springt, schlägt Rad, macht Flicflac, jubelt und verschwindet wieder.)*

## 3

*Momo, das ab und zu von der gemeinsamen Lektüre hochsieht, entdeckt Sascha, das es beobachtet.*

**Momo.** Ich glaube, das Mensch da beobachtet uns.

**Jackie.** Ich glaube, es beobachtet DICH.

*(Sascha steht auf und geht auf die Gruppe zu.)*

**Sascha.** Verzeihung, dass ich euch beim Lernen störe.

**Momo/Jackie/Chris/Ulli.** Das macht doch nichts!

**Sascha** (*zu Momo*). Es ist nur so. Ich beobachte dich jetzt seit einigen Stunden.

**Momo.** Oh. (*Streckt ihm die Hand hin.*) Ich heiße Momo.

**Sascha.** Und ich heiße Sascha.

**Momo.** Freut mich, Sascha.

**Sascha.** Die Freude ist ganz auf meiner Seite, Momo. Du bist ein sehr begehrenswertes Mensch. Das wollte ich dir nur gesagt haben.

**Momo.** Vielen Dank. Wollen wir einen kleinen Spaziergang machen?

**Sascha.** Sehr gern.

*(Momo steht auf, die beiden entfernen sich flanierend[1] von der Gruppe.)*

**Momo.** Wenn du wüsstest, wie geschmeichelt ich mich von deinem Begehren fühle.

**Sascha.** Bitte. Gern geschehen.

**Momo.** Es tut mir so leid, es nicht erwidern zu können. In meiner momentanen Lebensphase interessiere ich mich erotisch nicht für mein eigenes Geschlecht. Falls sich das je ändern sollte, wirst du das Erste sein, das es erfährt.

**Sascha.** Das ist nett von dir, danke.

**Momo.** Bitte. (*Pause.*) Nochmals: Entschuldigung. Es ist eine so undankbare Rolle, in die Mensch durch ein Begehren gedrängt wird, das zu erwidern es nicht in der glücklichen Lage ist.

---

1 flanieren: ohne ein bestimmtes Ziel langsam herumgehen

**Sascha.** Ich nehm das nicht persönlich.

**Momo.** Als würde ich dir aus reiner Bosheit das, was du von mir willst, verweigern.

**Sascha.** Nähme ich dir die Abweisung übel, dann ausschließlich aus narzisstischer[1] Kränkung heraus. Und solch niedere Regungen erlaube ich mir nun wirklich nicht.

**Momo.** Wie stehe ich jetzt da? Als mieses Spielverderber und gefühlskaltes Person.

**Sascha.** Hey! Es ist nicht schlimm. Bitte gib die Schuld nicht dir. Du kannst nichts dafür.

**Momo.** Zur allgemeinen Wiederherstellung des Gerechtigkeitsempfindens möchte ich dir mitteilen, dass auch ich Sehnsüchte habe, die sich nicht erfüllen lassen.

**Sascha.** Bitte fühl dich nicht zu einem intimen Geständnis gezwungen, bloß damit es mir besser geht. Aber wenn du wirklich darüber reden möchtest, freue ich mich, das Auserwählte zu sein, mit dem du dein Geheimnis teilst.

**Momo.** Siehst du das Mensch da drüben? Da, auf der Bank?

**Sascha.** Das in dem weißen Uni?

**Momo.** Genau.

**Sascha.** Was ist das?

**Momo.** Schwesterbruder Charity. Es arbeitet im nahe gelegenen Krankenhaus. Ich fühle mich ein wenig zu ihm hingezogen.

**Sascha** (*betrachtet Charity von fern*). Dafür habe ich großes Verständnis, auch wenn es mir meine Triebstruktur[2] nicht erlaubt, diese Anziehung voll und ganz nachzuvollziehen.

---

[1] narzisstisch: eigensüchtig, sich selbst in übertriebener Weise liebend

[2] Triebstruktur: Triebe sind starke oder lebensnotwendige Bedürfnisse des Menschen, die sein Handeln steuern; hier: Umschreibung für die homosexuelle Orientierung.

**Momo.** Die Klischeehaftigkeit[1] meiner Zuneigung ist mir vor mir selbst peinlich.

**Sascha.** Daran ist doch nichts peinlich, Momo.

**Momo.** Aber wir lernten uns in einer so offensichtlichen Situation kennen. Ich lag als Pflegebedürftiges im Bett, und seine Aufgabe war es, mich liebevoll zu umsorgen. Aus so einer Lage heraus eine Anziehung zu entwickeln ist so wahnsinnig unreif. Aber seine Wärme, seine fein geschwungenen Wimpern, seine bodenständige Intelligenz, seine sanften Hände, seine offene Art und sein großes Herz schienen mir so liebenswürdig, dass ich auf der Stelle den Wunsch entwickelte, mehr Zeit in seiner beglückenden Anwesenheit verbringen zu dürfen.

**Sascha.** Vielleicht solltest du ihm das sagen?

**Momo.** Nein. Ich möchte nicht, dass es denkt, ich wär so ein Perverses, das seinen Berufsstand fetischisiert[2]. Das wäre respektlos.

**Sascha.** Du hast recht. Ich hoffe, du kannst mir meinen schlecht durchdachten Vorschlag noch mal verzeihen.

**Momo.** Aber natürlich, Sascha.

**Sascha.** Danke, Momo. Da kommt mein Mensch.

*(Alex kommt.)*

**Momo.** Hallo, Alex. Ich bin Momo.

**Alex.** Hallo, Momo.

**Sascha.** Soeben sagte ich Momo, wie begehrenswert ich es finde.

**Alex.** Dein Mut und deine Offenheit machen mich immer wieder vor Bewunderung sprachlos und lösen Wellen der Zärtlichkeit in mir aus. In jedem Augenblick entdecke ich aufs Neue die Gründe, warum ich dich liebe.

**Sascha.** Alex, das ist das schönste Kompliment, das mir jemals gemacht wurde. Ich danke dem Universum jeden

---

[1] Klischeehaftigkeit: vorgeprägte, abgenutzte Bilder bzw. Denkschemata; hier: stark verbreitete, männlich geprägte Vorstellung der sexuell als attraktiv empfundenen Krankenschwester

[2] fetischisieren: hier: sexuelle Faszination für Menschen, die ausschließlich durch deren Beruf begründet ist

Abend für jeden Tag, den ich an deiner Seite verbringen durfte.

**Momo**. Ich fühle mich so reich beschenkt, beobachten zu dürfen, welch wunderbare Partnerschaft ihr beide lebt. Euch hier begegnet zu sein ist für mich ein unendliches Glück und eine große Bereicherung. Darf ich euch ein Wasser bringen?

**Sascha**. Gern.

**Alex**. Gern.

*(Momo ab zum Wasserspender.)*

**Alex**. Ein angenehmes Mensch.

**Sascha**. Und so freundlich.

# 4

*Claude geht zu Charlies Stand.*

**Claude.** Einmal den wundervollen Sommertag mit extra viel Soße, bitte.

**Charlie.** Verzeih mir, dass ich dich so dreist darauf hinweise, aber da du diese Woche schon sehr viele Fette und Öle zu dir genommen hast und praktisch keinerlei Eisen, würde ich dir eher den goldenen Herbstabend ohne Soße empfehlen, Claude.

**Claude.** Vielen Dank, Charlie, dass du dich so gut um meine Gesundheit kümmerst. Einmal den goldenen Herbstabend, bitte.

**Charlie.** Kommt sofort, Claude. (*Drückt ihm das Essen in die Hand.*)

**Claude.** Danke, Charlie.

**Charlie.** Bitte, Claude. Ich wünsche prächtigen Appetit und reibungslose Verdauung.

**Claude.** Danke, Charlie.

**Charlie.** Bitte, Claude.

*(Claude ab.)*

## 5

*Die Studierenden.*

**Chris.** Ist euch aufgefallen, dass es immer Momo ist, das die Aufmerksamkeit seiner Mitmenschen auf sich zieht?

**Ulli.** Es ist ja auch ein so schönes Mensch.

**Jackie.** Und so warmherzig.

**Chris.** Ja, das ist es.

*(Pause.)*

**Jackie.** Wir machen uns etwas Sorgen um dich, Chris.

**Chris.** Warum? Mir geht es gut.

**Jackie.** Du scheinst eine kleine Uneinigkeit mit dir selbst in deinem Inneren zu kultivieren[1].

**Chris.** Mir geht es gut.

*(Pause.)*

**Ulli.** Chris. Wir spüren das.

**Jackie.** Und wir wollen, dass du glücklich bist.

**Chris.** Ich bin glücklich.

**Jackie.** Ich spüre da aber eine Uneinigkeit, Chris.

**Ulli.** Und ich spüre sie auch.

*(Pause.*
*Raja flitzt einmal quer durch den Park. Es springt, schlägt Rad, macht Flicflac, jubelt und verschwindet wieder.)*

**Jackie.** Chris. Bitte denke noch mal über unsere Worte nach. (*Pause.*)

**Chris.** Wenn ihr als meine besten Freunde eine Uneinigkeit in mir spürt, so wird daran ja etwas Wahres sein. Ich gehe sofort zu Doktor Osho und lasse mir die Uneinigkeit wegsprechen.

**Ulli.** Das ist eine großartige Idee, Chris.

**Jackie.** Du bist so umsichtig.

**Ulli.** Du achtest so gut auf dich, Chris. Das bewundern wir sehr an dir.

---

[1] kultivieren: hier: beständiges Aufrechterhalten und Verstärken bestimmter eigener Gedanken und Gefühle

**Jackie.** Wie bewusst du durch die Welt gehst.
**Chris.** Danke.
**Ulli.** Doktor Osho ist wunderbar.
**Jackie.** Es ist das beste Wegsprechende, das ich kenne.
*(Chris steht auf und geht zu Osho.)*

## 6

*Lu und Leslie.*

**Lu.** Oh! Oh!
**Leslie.** Was ist? Was hast du?
**Lu.** Ich glaube, ich bin auf eine Ameise getreten!
**Leslie.** Das ist nicht so schlimm. Du kannst nichts dafür. Für die Ameise war eben der Moment gekommen.

## 7

*Alex geht zu Charlies Stand.*

**Alex.** Einmal den entspannten Tag am Meer, bitte.

**Charlie.** Verzeih mir, dass ich dich so dreist darauf hinweise, aber du isst in letzter Zeit sehr viel Kohlenhydrate und recht wenig grüne Gemüse. Deshalb würde ich dir eher zum geselligen Gnomenmahl raten.

**Alex.** Oh, das stimmt, Charlie. Die grünen Gemüse sind bei mir tatsächlich in letzter Zeit etwas zu kurz gekommen. Einmal das gesellige Gnomenmahl, bitte.

**Charlie.** Kommt sofort, Alex. (*Drückt ihm das Essen in die Hand.*) Ich wünsche prächtigen Appetit und reibungslose Verdauung.

**Alex.** Danke, Charlie.

**Charlie.** Bitte, Alex.

*(Alex geht.)*

## 8

*Tony vor dem Klohäuschen. Kay kommt heraus.*

**Kay.** Was für ein gut organisiertes Hygienezentrum. Danke. (*Nimmt Tonys Hand und schüttelt sie.*)

**Tony.** Danke. Ich bin Tony.

**Kay.** Ich bin Kay. Freut mich.

**Tony.** Es freut mich auch sehr, Kay.

**Kay.** Ich verrate dir mal was. Ich arbeite im Krankenhaus am Ende des Parks. Und ich komme jeden Tag zur Darmentleerung extra hierher.

**Tony.** Danke.

**Kay.** Weil es mir so gut gefällt. So charmant eingerichtet. Die Seifenauswahl.

**Tony.** Danke.

**Kay.** Das weiche, leicht angewärmte Papier. Die anschmiegsame Brille.

**Tony.** Ja, jetzt erkenne ich dich. Du warst schon mehrfach hier. Sag mal, kann es sein, dass die Exkrement-Analyse-Maschine von eurer Forschungsabteilung entwickelt wurde?

**Kay.** Ja, genau! Das stimmt.

**Tony.** Eine großartige Erfindung. Danke. (*Schüttelt Kays Hand.*)

**Kay.** Danke, ja, sie erspart so manchen Gang zum Heilenden. Aber noch nicht jedes Hygienezentrum setzt sie ein. Du bist deiner Zeit voraus.

**Tony.** Ich bin immer daran interessiert, mein kleines Reich zu verbessern. Denn ...

**Tony/Kay.** ... nichts ist so gut, dass es nicht noch besser werden könnte.

**Kay.** Das Beseitigen der Exkremente ist eine ebenso wichtige Aufgabe wie das Beseitigen von Tumoren.

**Tony.** Warte. (*Holt eine Blume.*) Bitte übergib diese Blume dem Leitenden eurer Forschungsabteilung, mit liebem Gruß vom Hygienespezialisierten Tony, das seine Kundschaft jeden Tag mit seiner großartigen Erfindung erfreuen darf und so sicher bereits eine Menge Krankheits-Früherkennungen durchführen und Leben verlängern konnte.

**Kay.** Es wird dir so dankbar sein!

**Tony.** Ich bin sehr glücklich, dass ich meine besondere Begabung bereichernd in das gesellschaftliche Gesamtgefüge einbringen darf.

*(Pause.)*

**Kay.** Und? Wie hast du zu deiner Berufung gefunden?

**Tony.** Ich war schon als Kind recht geschickt im Reinigen von Geräten aller Art. Mein Elter beobachtete mich lachend und sagte zu mir: Tony, mein Kind, aus dir wird eines Tages mal ein hervorragendes Hygienespezialisiertes.

**Kay.** Es ist schön, wenn man schon so früh seine Bestimmung finden durfte und das Talent in eine ganz bestimmte Richtung weist. Ich hatte es da ein bisschen, ich will nicht sagen, schwerer, aber ... Ich war länger unschlüssig.

**Tony.** Das tut mir so leid, Kay. Du gingst durch eine sicherlich nicht ganz einfache Phase der Selbstfindung ...

**Kay.** ... die mich aber umso charakterstärker in die Welt entlassen konnte. Und du hattest das große Glück, dir von Anfang an ganz sicher zu sein. Das freut mich so für dich.

**Tony.** Ich wollte immer reinigen. Reinigen und was mit Menschen machen.

**Kay.** Ja, das Soziale stand bei meinen Neigungen auch stets im Vordergrund. Aber ich wusste lange nicht, ob ich ein Heilendes oder ein Erdbettendes werden wollte.

**Tony.** Das verstehe ich gut. Beide Berufungen haben etwas tief Erfüllendes und ihre ganz besondere Wichtigkeit für das Gemeinwesen.

**Kay.** Mein Elter Eins ist Erdbettendes. Ich habe ihm als Kind gerne zugesehen, wie es diejenigen, deren Moment gekommen war, darauf vorbereitete, anderen, kleineren Lebewesen als Nahrungsgrundlage zu dienen. Sie sahen so schön und friedlich aus, und die beglückenden Ereignisse eines gelebten Lebens, die sich in ihren nun zur Ruhe gekommenen Gesichtszügen eingegraben hatten, machten mir Lust auf mein eigenes Leben, das noch in voller Pracht und Länge vor mir lag.

**Tony.** Oh, ist das wahr? Mein Kind interessiert sich ja so sehr für diese Berufung. Immer muss ich mit ihm zu anderer Menschen Erdbettungen gehen, weil es den Vorgang so faszinierend findet. Könnte ich es vielleicht bei Gelegenheit bei deinem Elter vorbeischicken, damit es sich ein Bild machen und etwas lernen kann?

**Kay.** Aber selbstverständlich, Tony.

**Tony.** Wundervoll, Kay. Ich danke dir.

**Kay.** Und ich danke dir für das schöne Gespräch. Bis bald. (*Kay geht. Fabien kommt und drückt Tony einen Handzettel in die Hand.*)

**Tony.** Ein Theaterstück?

**Fabien.** Heute um achtzehn Uhr.

**Tony.** Großartig. Ich freue mich darauf.

*(Fabien geht weiter.)*

## 9

*Kim auf der Bank. Sam kommt und sagt etwas in Gebärdensprache.*

**Kim.** Verzeihung. (*Steht auf. Sam holt sein Werkzeug heraus und schlägt einen abstehenden Nagel in die Bank. Sagt etwas in Gebärdensprache.*)

**Kim.** Vielen Dank.

*(Sam sagt etwas in Gebärdensprache und geht.)*

**Kim** (*zum Baby*). Es war einmal ein Mensch, das wohnte mit seinem Elter, dem neuen Mensch von seinem Elter und dessen zwei sympathischen Kindern in einem schönen Haus. Jeden Tag machten die drei gemeinsam die Hausarbeit und hatten dabei viel Spaß. In der Nachbarschaft lebte ein anderes Mensch in ungefähr ihrem Alter, das sehr begehrenswert und freundlich war. Eines Tages feierte es seinen achtzehnten Geburtstag, und alle drei waren eingeladen. Da zogen sie sich gegenseitig schöne bunte Unis an, gingen auf die Party und hatten einen fantastischen Abend. Das Nachbarsmensch und unser Mensch erkannten einander als Lebensmenschen, hatten ekstatischen[1], erfüllenden Sex und erklärten sich gegenseitig ihre Liebe. Und die beiden Geschwister freuten sich mit ihnen über ihr Glück. Sie sagten: „Schön, dass nun ein so freundliches, begehrenswertes Mensch zu unserer Familie gehört. Eines Tages werden auch wir uns verlieben und unsere Menschen finden und so glücklich sein wie du." Und wenn sie nicht bereits anderen, kleineren Lebewesen als Nahrungsgrundlage dienen, so leben sie noch heute.

*(Raja flitzt einmal quer durch den Park. Es springt, schlägt Rad, macht Flicflac, jubelt und verschwindet wieder.)*

---

[1] ekstatisch: außer sich, begeistert, leidenschaftlich, rauschhaft

## 10

*Pat steht auf und schlägt auf den Gong. Alle stehen auf, formen einen Kreis und zelebrieren die Performance. Dabei summen sie erst Vokale in unterschiedlichen Tonhöhen und machen langsame Tanzbewegungen, die an Eurythmie*[1] *erinnern können. Dann fassen sie sich an den Händen und laufen langsam im Kreis. Dabei lachen sie. Erst leise, dann lauter und heftiger, bis sie von einem ekstatischen, kollektiven Lachkrampf geschüttelt werden. Abrupt verstummen sie, lassen ihre Hände los und setzen sich wieder auf ihre Plätze.*

1 Eurythmie: künstlerische Darstellung von Sprache und Musik anhand von menschlichen Bewegungen

## 11

*Osho und Chris in Oshos Freiluft-Praxis.*

**Osho.** Bitte setz dich.

**Chris.** Danke.

**Osho.** Was bist du?

**Chris.** Mein Name ist Chris.

**Osho.** Chris. Wie kann ich dir helfen?

**Chris.** Oh, es ist nichts Großes. Nicht so wichtig.

**Osho.** Was ist groß, was nicht? Was ist wichtig, was nicht? Das werden wir jetzt gemeinsam herausfinden, Chris.

**Chris.** Ich fühle mich in letzter Zeit nur etwas uninteressant.

**Osho.** Uninteressant? Aber Chris. Du wirkst auf mich wie ein äußerst interessantes, kürzerlebendes Mensch.

**Chris.** Vielleicht ist uninteressant das falsche Wort.

**Osho.** Dann suchen wir gemeinsam das richtige Wort, Chris. Wir haben Zeit.

**Chris.** Ich meine das vielleicht eher so physisch.

**Osho.** Das verstehe ich nicht, Chris. Bitte erkläre es mir.

**Chris.** Also, im Vergleich zu anderen Menschen, meinem Freund Momo zum Beispiel. Das ist ein so schönes Mensch, und ich bin …

**Osho.** Und du, Chris? Was bist du?

**Chris.** Doktor Osho. Schau mich an.

**Osho.** Ich schaue dich an, Chris.

**Chris.** Doktor Osho. Ich bin uninteressant. Physisch uninteressant.

**Osho.** Was meinst du damit, Chris?

**Chris.** Das Gegenteil von schön.

**Osho.** Was soll das sein, das Gegenteil von schön? Verrate es mir, Chris.

**Chris** (*flüstert*). Hässlich.

**Osho.** Chris. Dieses Wort halten wir für nicht angemessen.

**Chris.** Ich weiß. Es tut mir leid.

**Osho.** Es gibt einen einfachen Grund, warum wir dieses

Wort für nicht angemessen halten, Chris. Weil es etwas bezeichnet, das nicht existiert. Und das Nichtexistente als ein Reales zu benennen erzeugt eine Wahrnehmungsverzerrung, die letzten Endes in einem schiefen Welt- und Selbstbild mündet.

**Chris.** Aber ich fühle mich ... so.

**Osho.** Weil du an einer Attraktivitäts-Differenz-Chimäre[1] leidest.

**Chris.** Ist das was Schlimmes?

**Osho.** Schlimm, Chris, was ist schlimm? Schlimm, Chris, ist gar nichts, Chris. Jeder Mensch ist begehrenswert. Schau dich um. Sind deine Mitmenschen nicht ein prächtig leuchtender Blumengarten? Gab die Natur nicht jedem von ihnen einen speziellen Glanz mit? Feiert die Vielfalt der Physiognomien[2] nicht ein herrliches Fest der Sinne? Nein, wir sind nicht gleich. Aber in der Fülle unserer individuellen Schönheiten sind wir alle gleich schön. (*Deutet auf die Menschen im Park.*) Hier. Ein Kürzerlebendes mit samt-schimmernder Haut. Da. Ein Längerlebendes mit den kräftigen Gliedmaßen eines Weitgereisten und einem Gesicht, das Erfahrung veredelt. Dort. Ein föhrenhaft[3] biegsam Schlankes. Und hier. Ein erregend-weiches Rundes. Es gibt im Spektrum des menschlichen Körpers nichts als Schönheit, denn etwas anderes hervorzubringen wäre die Natur gar nicht in der Lage. (*Osho geht zu Chris und umarmt und streichelt es.*) Was spüre ich, Chris? Ich spüre einen schönen Menschen. Chris. Du bist schön. Und auch dein Mitmensch ist schön. Was bist du, Chris?

**Chris.** Schön.

**Osho.** Und was ist dein Mitmensch?

**Chris.** Schön.

**Osho.** Hättest du die Güte, mir einen Gefallen zu tun?

---

1 Chimäre: hier: Wahrnehmung, die man sich nur einbildet

2 Physiognomie: äußeres Erscheinungsbild von Lebewesen, insbesondere Gesichtsform und -ausdruck von Menschen

3 föhrenhaft: wie ein Kiefernbaum; hier: groß, gerade gewachsen

**Chris.** Natürlich, Doktor Osho.

**Osho.** Ich möchte dich bitten, offenen Auges und freien Herzens durch die Welt zu gehen. Könntest du das für mich tun, Chris?

**Chris.** Natürlich, Doktor Osho. Aber … was bedeutet das?

**Osho.** Chris. Sieh das speziell Schöne in jedem Gegenüber und benenne es. Und du wirst sehen, dass dein Gegenüber auch in dir das speziell Schöne sieht und es benennt.

**Chris.** Das mache ich. Danke, Doktor Osho. Du hast mir sehr geholfen.

**Osho.** Ich habe dir zu danken, dass du es mir ermöglicht hast, dir helfen zu dürfen, Chris.

*(Chris geht.)*

## 12

*Schwesterbruder Charity lesend auf der Bank. Chris kommt vorbei. Bleibt stehen, starrt Charity lange an.*

**Chris.** Du bist ein Mensch mit einem außergewöhnlich schönen Körper.

**Charity.** Danke. Und du hast sehr schöne Augen.

**Chris.** Danke. (*Geht weiter.*)

*(Professor Möhringer kommt und setzt sich auf die Bank. Korrigiert Schriften. Charity fällt das Buch herunter.)*

**Charity.** Scheiße!

**Möhringer.** Verzeihung, dass ich dich so dreist anspreche, aber dieser Ausdruck ist nicht angemessen.

**Charity.** Tut mir leid.

**Möhringer.** Was kann die Scheiße dafür, dass dir das Buch aus der Hand fiel?

**Charity.** Du hast ja recht. Ich weiß auch nicht, was gerade aus mir sprach.

**Möhringer.** Schau, das Hygienespezialisierte da drüben. Was soll es davon halten, dass du das, womit es sich tagtäglich beschäftigt, als Synonym für ein Unglück benutzt?

**Charity.** Es tut mir leid. Ich hätte mich in das Hygienespezialisierte hineinversetzen sollen, bevor ich eine so unkluge Wortwahl traf.

**Möhringer.** Die Scheiße als Teil des natürlichen Prozesses von Nähren und Verdauen, Werden und Vergehen hat ihren Platz im System, genau wie alles andere. Die Scheiße mit Negativem gleichzusetzen missachtet ihre wichtige Aufgabe.

**Charity.** Es tut mir leid. Ich werde in Zukunft von solchen Fehlbezeichnungen Abstand nehmen.

*(Möhringer guckt auf das Buch.)*

**Möhringer.** Ach, das ist ja mein Buch!

**Charity.** Oh, du bist Professor Möhringer? Das ist der glücklichste Tag meines Lebens!

**Möhringer.** Nein, es ist der glücklichste Tag MEINES Lebens! Es gibt mir unendlich viel, zu sehen, dass meine Bücher noch gelesen werden. Dieses hier ist ja schon etwas älter. Es gäbe so viel Klügeres, was du lesen könntest, aber du liest ausgerechnet mein veraltetes, bescheidenes Werk.

**Charity.** Es ist großartig. So klug konstruiert. Dein Argumentationsaufbau ist dermaßen brillant, dass man als Lesendes eine fast schon erotisch zu nennende Begeisterung für das Urhebende empfindet. Nur muss ich leider zugeben, dass ich mich zum Verfolgen deines Gedankengangs in Kapitel sechs intellektuell zu uninteressant fühle.

**Möhringer.** Eine mögliche intellektuelle Uninteressantheit deiner Person liegt fern meiner Vorstellungskraft. Wenn du meine Ausführungen in Kapitel sechs nicht verstehst, kann das nur bedeuten, dass ich die Herausforderung, den Sachverhalt klar und deutlich darzustellen, nicht zufriedenstellend gelöst habe. Ich werde die Auflage sofort zurückziehen lassen und das Kapitel sechs noch mal überarbeiten. Danke, dass du mich auf meinen Fehler hingewiesen hast. *(Pause.)* Ah, ich glaube, ich empfinde eine so große Dankbarkeit, dass ich das Ereignis gerne in meinem Dankbarkeits-Tagebuch festhalten möchte. *(Es zieht ein Heft aus der Tasche und macht Notizen.)*

**Charity.** Ich möchte diese Begegnung eigentlich auch in mein Dankbarkeits-Tagebuch eintragen. *(Kramt ein Heft vor und macht Notizen. Camille kommt vorbei, stolpert und fällt hin. Möhringer und Charity springen von der Bank und helfen ihm wieder auf die Beine.)*

**Camille.** Danke.

**Charity.** Bitte.

**Möhringer.** Dürfen wir dir ein Glas Wasser bringen?

**Camille.** Vielen Dank, das ist nicht nötig. Ich möchte den Fluss eures angeregten Gesprächs nicht länger mit meinen körperlichen Unzulänglichkeiten stören.

*(Geht weiter. Sam tritt ihm in den Weg und bedeutet ihm in Gebärdensprache, stehen zu bleiben. Camille bleibt stehen. Sam räumt etwas Müll vom Weg weg und sagt dabei etwas in Gebärdensprache.)*

**Camille.** Welcher Mensch auch immer das gewesen sein mag, hat es sicher nicht absichtlich getan. Es könnte ihm versehentlich aus der Tasche gefallen sein.

*(Sam sagt etwas in Gebärdensprache.)*

**Camille.** Vielen Dank. Das wünsche ich dir auch.

*(Sie gehen weiter.)*

## 13

*Leslie und Lu. Chris kommt vorbei und bleibt kurz stehen. Starrt auf Lus Hände.*

**Chris** (*zu Lu*). Du hast sehr schöne Hände.

**Lu.** Danke. Und du hast sehr schöne Augen.

**Chris.** Danke. (*Pause. Zu Leslie.*) Und du hast ein unglaublich bezauberndes Lächeln.

**Leslie.** Danke. Und du hast ... wirklich sehr schöne Augen.

**Chris.** Danke.

*(Chris geht weiter.)*

**Lu.** Was für ein freundliches, offenes Mensch.

**Leslie.** Und so sympathisch.

*(Pause.)*

**Leslie.** Habe ich dir schon mal gesagt, wie sehr ich deine charmante Art, mit Kunden umzugehen, bewundere? Dein Mensch muss mit dir sehr glücklich sein.

**Lu.** Danke, Leslie, aber momentan genieße ich das Alleinsein, um mich weiterzuentwickeln.

**Leslie.** Du hast keinen Menschen?

**Lu.** Momentan genieße ich das Alleinsein, um mich weiterzuentwickeln.

*(Pause.)*

**Leslie.** Habe ich dich nicht kürzlich erst mit einem sehr sympathischen, klugen und anziehenden Menschen bei dem Symposium[1] für positive Energie getroffen?

**Lu.** Du meinst Harmony? Ja, wir waren ein halbes Jahr verpartnert. Aber es hat vor einer Woche erkannt, dass wir genug voneinander gelernt haben und es an der Zeit ist, weiterzuziehen. Erst spürten wir eine kleine Uneinigkeit in unseren jeweiligen Bedürfnissen, aber es konnte mich in langen abendlichen Gesprächen von der Richtigkeit seines Empfindens überzeugen. Wir hatten uns einfach emotional auserzählt. (*Pause.*) Ich kann euch gern bei Ge-

[1] Symposium: hier: wissenschaftliche Konferenz

legenheit zusammenbringen, wenn du möchtest. Ich bin mir sicher, dass ihr eine wunderbare sexuelle Kompatibilität[1] aneinander entdecken könntet. Du kannst Harmony so vieles geben. Ich würde ihm diese Erfahrung von ganzem Herzen wünschen.

**Leslie.** Danke, Lu. Ich bin mir sicher, dass eure gemeinsame Zeit so glückbringend und erkenntnisreich für es war, dass auch ich als Nachfolgendes davon profitieren würde.

**Lu.** Was hältst du davon, wenn ich euch nächsten Mittwoch zu mir einlade und bekoche?

**Leslie.** Das ist eine wunderbare Idee, Lu. Ich wusste gar nicht, dass du ein leidenschaftlich Kochendes bist.

**Lu.** Oh doch, das bin ich! Meine Spezialität ist Wurzelgemüse mit Salbei-Sud an Wildreis.

**Leslie.** Nein, das gibts ja gar nicht!

**Lu.** Was?

**Leslie.** Das ist mein Lieblingsgericht!

**Lu.** Das freut mich aber, Leslie.

---

[1] Kompatibilität: technischer Begriff. Zwei oder mehr Geräte funktionieren störungsfrei miteinander; hier: zwei Menschen können harmonisch miteinander in körperlichen, sexuellen Kontakt treten, der für beide befriedigend ist.

## 14

*Raja flitzt einmal quer durch den Park. Es springt, schlägt Rad, macht Flicflac und prallt gegen Chris.*

**Raja.** Oh. Verzeihung.
**Chris.** Tut mir leid. (*Pause.*) Hat dir schon mal jemand gesagt, dass du sehr schöne Haare hast?
**Raja.** Ah, ja. Danke. (*Pause.*) Und du hast sehr schöne Augen.
**Chris.** Danke.
*(Raja schlägt Rad, macht Flicflac, jubelt und verschwindet wieder.)*

## 15

*Ulli geht zu Charlies Stand.*

**Ulli.** Einmal den unvergesslichen Sonnenaufgang über der Savanne, bitte.

**Charlie.** Gern. (*Drückt ihm das Essen in die Hand.*) Ich wünsche prächtigen Appetit und eine reibungslose Verdauung.

**Ulli.** Danke, Charlie.

**Charlie.** Bitte, Ulli.

*(Ulli geht.)*

## 16

*Luca und Pat auf ihrer Picknickdecke. Sie küssen sich. Luca schiebt seine Hand zwischen Pats Beine, Pat schiebt sie wieder weg.*

**Pat.** Luca. Es tut mir so leid.

**Luca.** Aber das macht doch nichts.

**Pat.** Doch. Meine Verweigerung ist so niederträchtig.

**Luca.** Bitte sage nicht so schreckliche Dinge über dich! Ich verstehe sehr gut, dass du zu diesem Schritt noch nicht bereit bist. Eines anderen Menschen Fleisch in sich zu empfangen ist ein einschneidendes Erlebnis, das nicht unbedacht angegangen werden darf.

**Pat.** Es tut mir so leid. Die Einsicht in deine von der meinen abweichende Begehrensstruktur lässt mich etwas empfinden, was man vielleicht als Ungerechtigkeit bezeichnen könnte.

**Luca.** Aber daran ist doch nichts ungerecht. Die Andersartigkeit meiner Anatomie und meiner Bedürfnisse ist nicht zwingend etwas uns Trennendes.

**Pat.** Ich möchte nicht, dass du ... dass du ...

**Luca.** Du kannst es mir sagen. Du kannst mir doch alles sagen.

**Pat.** Ich wage nicht, es auszusprechen.

**Luca.** Nur Mut.

**Pat.** Na, ich möchte nicht, dass du ... leidest.

**Luca.** Pat. Bitte hör auf, solche Worte zu benutzen. Meine Liebe zu dir ist ein ewiger Quell der Freude, und das Verlangen nach einem In-dich-Eindringen ihre Veredelung im Physischen. Pat. Ich bin mit mir und meinem Körper im Reinen. Ich bin selbst in der Lage, mir Entspannung zu verschaffen, falls mich die erregende Aussicht einer Verschmelzung mit dir zu stark aus dem Gleichgewicht brächte. Außer natürlich, es wäre dir ...

**Pat.** Was?

**Luca.** Unangenehm.

**Pat.** Unangenehm? Nun fang du bitte nicht an, solche Worte zu benutzen, Luca. Es wäre mir, ganz im Gegenteil, eine Ehre und ein Vergnügen, dir dabei zuzusehen, wie du dich aus Rücksicht auf mein Noch-nicht-so-weit-Sein mit Selbstbeglückung bescheidest.

**Luca.** Pat. Ich liebe dich.

**Pat.** Und ich liebe dich.

*(Luca masturbiert*[1]*, Pat streichelt dabei sanft seinen Rücken. Camille kommt langsam an einem Stock des Wegs, bleibt stehen und sieht interessiert zu. Luca hat eine Ejakulation, Camille tritt heran und reicht ihm ein Taschentuch.)*

**Luca.** Danke, sehr freundlich.

**Camille.** Bitte. Darf ich?

**Pat.** Bitte.

**Luca.** Gerne.

*(Camille setzt sich zu den beiden auf die Decke.)*

**Camille.** Es ist so schön zu sehen, wenn Menschen sich lieben. Ach, ich erinnere mich, wie ich meinen Menschen damals traf. Es war ein großartiges Spezialisiertes für Müllentsorgung, das jeden Donnerstag vor meinem Haus erschien, um die Tonnen zu leeren. Jeden Donnerstag wartete ich auf es, um einen Blick in seine großen, haselnussbraunen Augen zu ergattern, dann ging ich ins Zimmer und schrieb ein Gedicht. Ich bin nämlich ein Lyrisches, müsst ihr wissen. Nach einem Monat stellte ich mich donnerstags neben die gelbe Tonne, erwartete es und rezitierte[2] meine Tetralogie[3]. Es war so erfüllt von meinen Worten, dass es sich, es war der schönste Augenblick meines Lebens, sofort vor Rührung mit mir vereinigte. Es lebte verpartnert mit einem anderen, aber das andere war so warmherzig und klug, dass es die Notwen-

[1] masturbieren: sich selbst oder jemand anderen durch Berührung der Geschlechtsorgane sexuell befriedigen

[2] rezitieren: künstlerisch, interpretierend vortragen

[3] Tetralogie: Folge von vier eigenständigen, aber thematisch zusammengehörenden Werken

digkeit einer Veränderung für uns alle erkannte, und so zogen wir zu dritt in ein wunderschönes Haus, nicht weit von hier.

**Pat.** Das war eine so interessante, emotional mitreißende Geschichte.

**Luca.** Danke, dass du uns an deinen Erinnerungen teilhaben ließt.

**Pat.** Wo ist dein Mensch nun?

**Camille.** Es hat seine letzte, edle Aufgabe gefunden, anderen, kleineren Lebewesen als Nahrungsgrundlage zu dienen.

**Pat.** Vermisst du es nicht?

**Camille.** Aber nein, sag doch nicht solche Worte! Ich danke dem Schicksal, dass ich so viel Lebenszeit an seiner Seite verbringen durfte. Wenn ich euch Kürzerlebende so sehe, dann ist mein Herz voller Freude, denn ich erinnere mich, wie wir damals in diesem Garten saßen. Ich spüre den Kreislauf des Seins und ein allumfassender, existenzieller Frieden erfüllt mich. Eure Liebe nimmt sich den ihr angemessenen Raum, während wir Längerlebenden euch Platz machen. Wir hatten unsere Zeit. Auch für mich ist bald der Moment gekommen. Ich freue mich, dass mir die Genugtuung vergönnt wird, den so Kommenden Platz zu machen und ihnen eine gute, heile Welt zu hinterlassen. Hier. (*Holt ein Foto aus der Tasche und zeigt es.*) Das war es. Das war mein Mensch.

**Pat.** Ein sehr schönes Mensch. Es hat so warme Augen.

**Luca.** Und so ein gütiges Gesicht.

**Camille.** Nicht wahr? Bin ich nicht das glücklichste Wesen, jemand wie ihm begegnet sein zu dürfen?

*(Fabien kommt und verteilt Handzettel.)*

**Camille.** Ein Schauspielendes. Wie schön!

**Fabien.** Wir führen heute ein Stück auf. Um achtzehn Uhr, hier auf der Wiese.

**Luca.** Großartig!

**Pat.** Wir kommen!

## 17

*Kim sitzt auf einer Bank mit einem Baby auf dem Arm. Singt leise.*

**Kim.** Spür den Moment in deinen Adern fließt das Blut
Die Sonne und der Regen und der Tau
Die Witterung sie streichelt deine Haut
Das Jetzt umarmt dich wie ein guter Freund
Und lässt dich nie mehr los
Die Gegenwart küsst deine Stirn im Baum singt Schwesterbruder Amsel dir ein Lied
Und alle stimmen ein
Denn groß und überwältigend ist unser Sein

*(Alex läuft vorbei, bleibt stehen, betrachtet das Baby.)*

**Alex.** Das ist aber ein nettes Baby.

**Kim.** Es hat noch nie geweint.

**Alex.** Warum sollte es auch?

*(Beide lachen.)*

**Alex.** Ich wünsche euch einen schönen Tag.

**Kim.** Den wünschen wir dir auch.

*(Kim winkt mit einem Arm des Babys. Alex geht weiter. Kim singt leise weiter.)*

## 18

*Sam geht zu Charlies Stand und sagt etwas in Gebärdensprache.*

**Charlie.** Verzeih mir, dass ich dich so dreist darauf hinweise, aber du isst momentan eindeutig zu viel grünes Gemüse, Sam. Ich würde dir eher zum entspannten Tag am Meer raten.

*(Sam sagt etwas in Gebärdensprache.)*

**Charlie.** Versteh mich bitte nicht falsch, Sam, aber hast du schon mal darüber nachgedacht, was dir dein Körper damit sagen will?

*(Sam sagt etwas in Gebärdensprache.)*

**Charlie.** Sam! Solche Ausdrücke sind bei uns nicht angemessen.

*(Sam sagt etwas in Gebärdensprache.)*

**Charlie.** Ich mache mir ein wenig Sorgen um dich, Sam. Vielleicht solltest du mal zu Doktor Osho gehen und dir deine Topinambur[1]-Aversion wegsprechen lassen.

*(Sam sagt etwas in Gebärdensprache.)*

**Charlie.** Ich als dein Ernährungsberatendes, das eine Verantwortung für deine Gesundheit trägt, kann dir dieses Gericht guten Gewissens leider nicht aushändigen. (*Drückt ihm Essen in die Hand.*) Bitte. Einmal den entspannten Tag am Meer. Ich wünsche prächtigen Appetit und reibungslose Verdauung.

*(Sam sagt etwas in Gebärdensprache und geht.)*

---

[1] Topinambur: Wurzelgemüse

## 19

*Leslie und Lu, die Geschäftsmenschen. Daneben sitzt Kim. Sie packen aus ihren Aktenkoffern hölzerne Lunchboxen und nehmen Gemüsesticks und Brote heraus. Bieten sich gegenseitig von ihrem Lunch an. Pause. Essen.*

**Lu.** Ich bin zwar viel länger im Unternehmen als es und habe viel mehr Erfahrung, aber es bringt doch auch Qualitäten mit, an denen es mir mangelt. (*Pause. Essen.*) Ich glaube, es war die richtige Entscheidung, ihm den Posten zu geben. Mich hätte er überfordert. (*Pause. Essen.*) Und außerdem braucht es als kürzerlebendes Familienelter das Geld dringender als ich. Was brauche ich schon? Alles, was über das Grundeinkommen hinausgeht, ist doch sowieso nur sinnloser Luxus, der zu ungesundem Konsum verleitet. Und ehe man es sich versieht, landet man im Hamsterrad der käuflichen Selbstverwirklichung und dreht dort orientierungslos seine Runden.

**Leslie.** Ich bewundere die Souveränität, mit der du die Situation meisterst, Lu. Ich glaube, hätte ich meinen Job verloren ...

*(Kim beugt sich zu Leslie und tippt es auf die Schulter.)*

**Kim.** Verzeihung, dass ich mich so frech einmische, aber wir halten diese Sprache für nicht angemessen.

**Leslie.** Oh, das tut mir leid. (*Zu Lu.*) Ich glaube, hätte ich spontan die längst fällige Chance auf eine Neuorientierung erhalten, empfände ich eine kleine Unausgeglichenheit in mir.

**Lu.** Warum? Ein Erlebnis ist nie gut oder schlecht, sondern immer nur gut.

**Leslie.** Hä?

**Kim.** Verzeihung, dass ich mich schon wieder einmische, aber ich glaube, was dein Freund dir sagen will, ist, dass jede Erfahrung uns wachsen lässt.

**Lu.** Genau, danke. Und dass ich nun eine Aufgabe übernehmen darf, die leichter zu bewältigen ist als die letzte, bedeutet weniger Verantwortung, also mehr Entspannung. Die Arbeit am Empfangstisch entspricht mir und meinen inneren Motiven viel besser. Ich rede gern mit Menschen und stelle mich auf neue Gesichter ein.

*(Claude kommt.)*

**Claude.** Ein schöner Tag, nicht wahr?

**Lu/Leslie.** Ein großartiger Tag.

**Claude.** Liebe Kollegen. Um das Betriebsklima zu verbessern, habe ich ein Supervisor[1] eingeladen. Ich weiß: Unser Betriebsklima ist bereits perfekt. Wir haben neulich erst vom Amt für gelungenes Miteinander ein Perfektionszeugnis mit Prädikat IDEAL erhalten. Aber da ...

**Lu/Leslie.** ... nichts so gut ist, dass es nicht noch besser werden könnte ...

**Claude.** ... halte ich diese Maßnahme für wichtig und sinnvoll.

**Lu.** Richtig, Claude.

**Leslie.** Du als Vorgesetztes hast erneut bewiesen, dass du diese Position zu Recht innehast.

**Claude.** Aber Leslie. Du weißt doch, dass jeder in meiner Position sein könnte, hätten ihn günstige Kausalketten[2] zur richtigen Zeit an den richtigen Ort geführt.

*(Raja flitzt einmal quer durch den Park. Es springt, schlägt Rad, macht Flicflac, jubelt und verschwindet wieder.)*

**Claude.** Also, freut ihr euch?

**Leslie.** Und wie!

**Claude.** Ihr werdet sehen: Meister Moo ist großartig.

**Lu.** Ja. Ich habe nur Wunderbares über es gehört.

**Leslie.** Es ist das beste Supervisor, das ich kenne.

*(Raja flitzt einmal quer durch den Park. Es springt, schlägt Rad, macht Flicflac, jubelt und verschwindet wieder.)*

**Claude.** Es ist noch Zeit. Kann ich euch ein Wasser bringen?

---

1 Supervisor: hier: psychologisch ausgebildete Person, die im Bereich des beruflichen Handelns berät

2 Kausalketten: eine Reihe von Ursachen und Wirkungen, bei denen die jeweils letzte Wirkung wieder zu einer Ursache für eine neue Wirkung wird

**Leslie/Lu.** Danke, gern.

*(Claude zum Wasserspender. Raja flitzt einmal quer durch den Park. Es springt, schlägt Rad, macht Flicflac, jubelt und verschwindet wieder. Kommt gleich wieder zurück, springt in die Luft, lacht. Zappelt mit den Armen.)*

**Raja.** Mein Arm. Mein Bein. Mein Kopf. Alles geschmeidig, alles biegsam. Mein zweiter Arm. Mein zweites Bein. Meine Hand, mein Fuß, mein Bauch. Mein Zeh, mein Hals. Alles geschmeidig, alles biegsam. (*Springt in die Luft.*) Ich erfreue mich an der Bewegung. (*Springt in die Luft.*) Yeah! (*Springt in die Luft.*) Yeah! (*Springt in die Luft.*) Yeah! (*Verschwindet.*)

*(Fabien kommt und gibt Leslie, Lu und Kim Handzettel.)*

**Lu.** Ein Schauspielendes!

**Claude.** Es gibt ein Stück? Da müssen wir unbedingt hin.

**Fabien.** Um achtzehn Uhr gleich hier auf der Wiese.

## 20

*Möhringer steht auf und schlägt auf den Gong. Alle stehen auf, formen einen Kreis und zelebrieren die Performance. Dabei summen sie erst Vokale in unterschiedlichen Tonhöhen und machen langsame Tanzbewegungen, die an Eurythmie erinnern können. Dann fassen sie sich an den Händen und laufen langsam im Kreis. Dabei lachen sie. Erst leise, dann lauter und heftiger, bis sie von einem ekstatischen, kollektiven Lachkrampf geschüttelt werden. Abrupt verstummen sie, lassen ihre Hände los und setzen sich wieder auf ihre Plätze.*

## 21

*Möhringer steigt auf eine Kiste.*

**Möhringer.** Guten Tag, ihr Lieben. Ich bin Professor Möhringer, Dozierendes für Gemeinsinn an der Empathie[1]-Akademie und Wissen Schaffendes am Institut für die Erforschung der Einfachen Freuden. Gern teile ich die Ergebnisse der neuesten Studien mit euch. (*Mit Mega- oder Mikrofon.*) Glücklich werde, wer die Lust maximiere und die Unlust minimiere. (*Applaus.*) Eine Gesellschaft, die auf Kooperation aufgebaut ist, überlebt länger als eine, die auf Konkurrenzdenken setzt. (*Applaus.*) Der Mensch ist des Menschen Medizin. (*Applaus.*) Das Moralempfinden ist älter als unsere Spezies. (*Applaus.*) Spiegelneuronen! Spiegelneuronen! Und jetzt alle!

**Alle.** Spiegelneuronen! Spiegelneuronen!

**Möhringer.** Die Glücksrendite ist am höchsten, wenn man in einem stabilen sozialen Netzwerk lebt. (*Applaus.*) Vergemeinschafte dich! (*Applaus.*) Alle Praktiken, welche dazu verhelfen, materiell über seine Verhältnisse zu leben, schmälern auf einem endlichen Planeten die Möglichkeiten anderswo oder in der Zukunft lebender Menschen. (*Applaus.*) Ein Ferrari macht nicht lange glücklich – ein Freund schon. (*Applaus.*) Leben heißt lernen. Wer aufhört, besser zu sein, hört bald auf, gut zu sein. (*Applaus.*) Das Glück wohnt nicht im Tresor. (*Applaus. Singt.*) Ja, ja, ja, jetzt wird eng zusammengerückt, wir steigern das Bruttosozialglück. (*Applaus.*) Synchronisiert eure Gehirne! (*Applaus.*) Spiegelneuronen! Spiegelneuronen! Und jetzt alle!

**Alle.** Spiegelneuronen! Spiegelneuronen!

**Möhringer.** Es entspricht nicht der menschlichen Natur,

---

[1] Empathie: Bereitschaft und Fähigkeit, sich in die Einstellungen und Gefühle anderer Menschen einzufühlen und angemessen darauf zu reagieren

nach Autonomie[1] zu streben und als selbstgenügsame Insel zu existieren. Der Mensch sucht nach Gemeinschaft, Liebe und Nähe. (*Applaus.*) Auch Schimpansen trösten sich gegenseitig. (*Applaus.*) Der Gewinn des anderen ist nicht mein Verlust, sondern das Wohlbefinden des anderen steigert mein eigenes Wohlbefinden. (*Applaus.*) Bleiben wir berührbar, der Mensch ist ein Kuscheltier. (*Applaus.*) Spiegelneuronen! Spiegelneuronen! Und jetzt alle!

**Alle.** Spiegelneuronen Spiegelneuronen!

**Möhringer.** Positiver Körperkontakt gibt emotionalen Halt. (*Applaus.*) Begrenzt eure Mobilität, denn dadurch gehen soziale Kontakte verloren. (*Applaus.*) Der Blick in ein schönes Gesicht setzt Glückshormone frei. Da wir alle schöne Gesichter haben, machen wir uns mit jedem ausgetauschten Blick gegenseitig glücklich. (*Applaus.*) Berührung ist ein Lebensmittel. (*Applaus.*) Die Kunst der Achtsamkeit kann wie ein Muskel trainiert werden. (*Applaus.*) Ganz entspannt im Hier und Jetzt, Vergangenheit und Zukunft sind Illusionen. (*Applaus.*) Spiegelneuronen! Spiegelneuronen! Und jetzt alle!

**Alle.** Spiegelneuronen! Spiegelneuronen!

**Möhringer.** Ich danke euch für eure Aufmerksamkeit. Habt einen wunderschönen Tag.

*(Es steigt von der Kiste, setzt sich abseits und notiert das positive Erlebnis in seinem Dankbarkeits-Tagebuch.)*

---

1 Autonomie: Unabhängigkeit, Selbstständigkeit

## 22

*Claude, Lu, Leslie. Meister Moo kommt.*

**Claude.** Darf ich vorstellen: Meister Muh.
*(Schreibt an die Flipchart: Meister Muh.)*

**Meister Moo.** Nein, nein, Moo.

**Claude.** Muh?

**Meister Moo. Moooo!** (*Geht zur Tafel und berichtigt seinen Namen.*)

**Claude.** Oh. Verzeihung.

**Meister Moo.** Warum bin ich hier? (*Schweigen.*) Warum bin ich hier?

**Lu.** Weil nichts so gut ist, dass es nicht noch besser werden könnte.

**Meister Moo.** Richtig. Ihr als Firma bewegt euch Tag für Tag in Ritualen und Automatismen. Macht ist immer anfällig für ihren Missbrauch, Hierarchien laden zu Selbstüberschätzung ein. Deshalb ist es für euch besonders wichtig, eure Integrität von Zeit zu Zeit zu überprüfen. Das Band, das euch als Team verbindet, zu stärken. Euer Ego zu zähmen. Euch bewusst zu werden, dass ihr nicht Vorgesetztes und Mitarbeitendes seid, sondern ein pulsierender Organismus der Tatkraft, der das Gute schafft. Versteht ihr meine Worte?

**Leslie/Lu/Claude.** Ja!

**Meister Moo.** Versteht ihr meine Worte wirklich? Auf einer tieferen Ebene eures Bewusstseins in exakt der existenziellen Sinnhaftigkeit, in der ich sie aussprach?

**Leslie/Lu/Claude.** Ja!

**Meister Moo.** Gut. Dann spielen wir jetzt. (*Ruft in den Park.*) Wir brauchen noch Mitspieler!
Wer möchte?

*(Es melden sich drei Leute aus dem Garten: Tony, Camille und Ulli.)*

**Meister Moo.** Wunderbar, danke. (*Meister Moo bindet Leslie,*

*Lu und Claude mit einem Strick zu einem Dreierknäuel zusammen. Dann macht er dasselbe mit Tony, Camille und Ulli. Dann gibt er jedem Mitspieler einen Löffel in den Mund und legt ein Ei darauf.*)

**Meister Moo.** So, ihr Lieben. Jede Gruppe hat nun die Aufgabe, Doktor Oshos Praxis da hinten zu erreichen, ohne dass ein Ei runterfällt. Und los!

*(Camille murmelt etwas.)*

**Meister Moo.** Was ist? Was hast du? (*Nimmt ihm den Löffel aus dem Mund.*)

**Camille.** Eier?

**Meister Moo.** Pflanzeneier. Was dachtest du denn?

**Camille.** Man weiß ja nie. Besser ein Mal zu viel als ein Mal zu wenig hinterfragt.

**Meister Moo.** Da hast du ja so recht. Ich danke dir für deine Aufmerksamkeit. Wir alle danken dir für deine Aufmerksamkeit. Jetzt aber los. (*Steckt ihr den Löffel wieder in den Mund.*)

*(Die beiden Gruppen setzen sich in Bewegung. Die Gruppe Leslie bewegt sich recht unkoordiniert und verliert schnell alle Eier, während die Kontrollgruppe sehr gut vorankommt und ohne Eierbruch Doktor Oshos Praxis erreicht, Spiel Ende. Ulli jubelt.)*

**Ulli.** Loser! Loser! (*Camille hält ihm den Mund zu.*)

**Meister Moo.** Pscht. Es gibt hier keine Gewinner und Verlierer. Wir haben alle gewonnen, und zwar?

**Beide Gruppen.** Selbsterkenntnis!

**Meister Moo.** Wir sind jetzt alle reicher, und zwar an?

**Beide Gruppen.** Erfahrung!

**Meister Moo.** Genau. Das habt ihr alle ganz wunderbar gemacht, danke. (*Er löst die Stricke.*) Kommen wir nun zur Spielauswertung. Warum hat eine spontan zusammengestellte Gruppe aus Fremden ein besseres Gefühl füreinander entwickelt und Doktor Oshos Praxis ohne Eierbruch erreicht, während Menschen, die seit Jahren zusammenarbeiten und auf Miteinander und Kooperation angewiesen sind, diese Aufgabe weniger zufriedenstellend lösen konnten? (*Schweigen.*) Weil ich da Egoismus spüre. Weil ich unausgesprochene Konkurrenz-Haltungen spüre. Weil ich innere Dissonanzen[1] spüre.

*(Entsetzte Stille.)*

**Leslie**. Das kann nicht sein.

**Lu**. Das kann nicht sein.

**Claude**. Das kann nicht sein.

**Meister Moo**. Doktor Osho?

**Osho**. Was gibt es, Meister Moo?

**Meister Moo**. Könntest du dich bitte ein bisschen um diese kleine Firma kümmern? Ich glaube, sie braucht das jetzt.

**Osho**. Aber natürlich, Moo. Setzt euch.

*(Leslie, Lu und Claude setzen sich in Oshos Freiluft-Praxis.)*

**Meister Moo**. Kontrollgruppe: Danke.

**Ulli/Camille/Tony**. Wir danken dir für diesen wunderbaren Nachmittag.

*(Tony holt ein Notizbuch aus der Tasche.)*

**Tony**. Das hat mir so großen Spaß gemacht, dass ich das Ereignis gern in meinem Dankbarkeits-Tagebuch festhalten möchte.

**Camille** (*holt auch sein Notizbuch heraus*). Ja, ich auch.

**Ulli** (*holt sein Notizbuch heraus*). Ich auch.

**Moo** (*holt sein Notizbuch heraus*). Ich auch.

---

[1] Dissonanzen: hier: Unstimmigkeiten

## 23

*Osho, Leslie, Lu und Claude in der Freiluftpraxis.*

**Osho.** Wie kann ich euch helfen?

*(Eva kommt. Alle verstummen. Eva trägt ein rotes Minikleid und zerrissene Strumpfhosen. Ihr Kajal ist tränenverschmiert, ihr langes blondes Haar wirr und ungepflegt. Sie trägt High Heels, an denen ein Absatz abgebrochen ist. Humpelt langsam vorbei. Alle erheben sich, rotten sich zu einem Gesellschaftskörper zusammen und sehen ihr verwundert nach. Die folgenden chorischen*[1] *Sätze des Gesellschaftskörpers spricht Sam immer in Gebärdensprache mit.)*

**Gesellschaftskörper.** He, du. (*Keine Reaktion.*) Bitte bring deine Weiblichkeit zum Verschwinden. (*Keine Reaktion. Eva guckt trunken, derangiert*[2]*, verständnislos. Der Gesellschaftskörper versucht es noch mal in Gebärdensprache, aber Eva reagiert auch darauf nicht. Geht ab. Adam kommt. Auch er ist leicht derangiert, eingerissener Anzug, schiefe Krawatte, verschmiertes Hemd. Er hat einen Aktenkoffer und eine Flasche in der Hand.*)

**Gesellschaftskörper.** He du. Bitte bring deine Männlichkeit zum Verschwinden.

*(Adam lässt sich auf den Boden fallen, rülpst und stützt den Kopf in die Hände. Trinkt aus seiner Flasche. Der Gesellschaftskörper beobachtet ihn eine Weile ratlos.)*

**Gesellschaftskörper.** Doktor Osho?

*(Doktor Osho löst sich aus dem Gesellschaftskörper und geht auf Adam zu.)*

**Osho.** Guten Tag. Mein Name ist Doktor Osho. Und was bist du?

*(Adam schlägt Oshos Hand weg.)*

**Gesellschaftskörper.** Ohh.

---

[1] chorisch: hier: von allen außer Adam und Eva gleichzeitig gesprochen

[2] derangiert: unordentlich, durcheinander, verwirrt

*(Adam holt ein Hühnerbein aus seiner Anzugtasche und fängt an, es zu essen.)*

**Osho.** Schwesterbruder Charity?

*(Charity kommt.)*

**Osho.** Es beißt ständig in dieses tote Tier.

**Charity.** Professor Möhringer?

*(Möhringer kommt. Adam trinkt.)*

**Charity.** Es trinkt Gift aus einer großen Flasche! Das ist nicht gut. (*Charity geht zu Adam und versucht, ihm die Flasche wegzunehmen.*)

**Adam.** Weg, du blöde Fotze.

**Möhringer.** Lass es. Es wird dich noch verletzen. Wie heißt es?

**Charity.** Wir wissen es nicht.

**Gesellschaftskörper.** Was hat es nur?

*(Adam schluchzt.)*

**Charity.** Seht nur, es leidet.

**Adam** (*schreit*). Wo ist meine Frau?

*(Charity, Osho und der Gesellschaftskörper ziehen fragende Gesichter.)*

**Möhringer.** Es ist krank. Es hat seinen Menschen verloren.

**Adam.** Habt ihr meine Frau gesehen? Eva? Blondes Haar, rotes Kleid?

**Gesellschaftskörper.** Es war da. Jetzt ist es weg.

**Adam.** Weg?

**Gesellschaftskörper.** Weg.

*(Adam kramt in seinem Koffer, findet eine Schachtel Zigaretten und zündet sich eine an.)*

**Gesellschaftskörper.** Was macht es nur?

**Osho.** Es ist hoch suizidal[1].

**Adam.** Suizidal, ja? (*Bricht in meckerndes Lachen aus. Weint.*) Ich werde sterben. Wir werden alle sterben.

**Möhringer.** Es weint, weil es Angst davor hat, anderen, kleineren Lebewesen als Nahrungsgrundlage zu dienen.

**Charity.** Aber das ist doch so natürlich.

---

[1] suizidal: selbstmordgefährdet

**Gesellschaftskörper.** Was hat es nur?

**Adam.** Es? Ich bin ein Mann.

**Gesellschaftskörper.** Das Geschlecht ist privat.

*(Adam lacht. Dann wird er wütend.)*

**Charity.** Es ist sehr wütend.

**Gesellschaftskörper.** Warum nur?

**Osho.** Interessant finde ich seine unglaubliche Angst, ja Paranoia[1], vor dem Dienen kleinerer Lebewesen als Nahrungsgrundlage und dem gleichzeitigen Beschleunigen der Herbeiführung dieses Zustands durch lebensverkürzende Maßnahmen wie Giftzufuhr.

**Möhringer.** Das ist in der Tat ein faszinierendes Paradoxon[2], Doktor Osho.

**Charity.** Vielleicht erfährt es zu wenig körperliche Zuwendung?

*(Osho geht vorsichtig hin und streichelt Adam.)*

**Möhringer.** Vielleicht versagen ihm seine Menschen die Anerkennung?

*(Sam sagt etwas in Gebärdensprache.)*

**Gesellschaftskörper.** Sam. Solche Reden halten wir für nicht angemessen.

**Osho.** Natürlich können und müssen wir auch in seinem Fall von einem Menschen sprechen, auch wenn es tatsächlich auf den ersten Blick recht wenig Menschliches an ihm zu entdecken gibt, Sam.

*(Sam sagt etwas in Gebärdensprache.)*

**Charity.** Ich finde seinen Anblick unendlich bedrückend.

**Gesellschaftskörper.** Ich glaube, ich habe in meinem ganzen Leben noch nie etwas derart Trauriges gesehen.

**Möhringer.** Es spricht wie ein Mensch, aber es benutzt die alten Worte.

**Charity.** Ich hab eine Idee. *(Charity ab. Kommt mit einem*

---

[1] Paranoia: Persönlichkeitsstörung mit Wahnvorstellungen und einem übertriebenen Misstrauen gegenüber anderen Menschen; umgangssprachlich: übertriebene Angst vor Verfolgung

[2] Paradoxon: hier: scheinbar unsinnige, falsche Behauptung oder Aussage, die sich aber bei genauerer Betrachtung als wahr erweist

*Feuerlöscher zurück und besprüht Adam. Adam schreit. Charity wartet.*)

**Charity.** Das Oxytozin[1] schlägt bei ihm nicht an.

**Gesellschaftskörper.** Woran kann das liegen?

**Osho.** Vielleicht an der fehlenden Bindung in seiner Kindheit. Es wurde wohl so schwer misshandelt, dass es keine Rezeptoren[2] entwickeln konnte.

**Charity.** Wer macht so was?

**Gesellschaftskörper.** Ich kenne keine Sozialgemeinschaft, die so was täte.

**Möhringer.** Ich habe so was in der Art nur über die Wilden gelesen.

**Gesellschaftskörper.** Die Wilden?

**Möhringer.** Die Wilden. Sie hatten eine grausame Art, mit ihren Kindern umzugehen. So mussten sie bereits mit fünf Jahren fremde Sprachen beherrschen. Man hetzte die Kinder auch gegeneinander auf. Es gab Veranstaltungen, sogenannte Wettbewerbe, in denen mehrere Kinder in einem Raum eingeschlossen wurden und stundenlang Klavier spielen mussten. Das, was am längsten durchhielt, bekam einen Preis, die anderen wurden verhöhnt und nach Hause geschickt.

**Osho.** Und das haben die Eltern nicht verhindert?

**Möhringer.** Die Eltern? Die saßen dabei und klatschten.

**Gesellschaftskörper.** Das ist ja schrecklich.

**Charity.** Ich dachte, die Wilden seien längst ausgestorben.

**Osho.** Ich versteh das nicht. Wo kommt es her?

**Gesellschaftskörper.** Wie heißt du?

**Adam.** Adam.

---

1 Oxytozin, Oxytocin: Glückshormon, welches direkt im Gehirn gebildet wird und positive Empfindungen auslöst, wie sexuelle Erregung oder Bindungsverhalten

2 Rezeptoren: Sinneszellen (oder Proteinkomplexe) im Körper, die Reize aufnehmen und an das zentrale Nervensystem weiterleiten können. Gehirn oder Rückenmark veranlassen dann eine Körperreaktion.

**Gesellschaftskörper.** Was ist denn das für ein obszöner[1] Name?

**Fabien.** Adam. Wie der erste Mann.

**Gesellschaftskörper.** Das Geschlecht ist privat. (*Pause.*) Wo kommst du her?

**Adam.** Hab ich vergessen. (*Pause.*) Ich suche meine Frau. Eva.

**Gesellschaftskörper.** Eva? Was ist denn das für ein obszöner Name?

**Fabien.** Eva. Wie die erste Frau.

**Gesellschaftskörper.** Das Geschlecht ist privat. (*Pause.*) Was hat man dir nur angetan? (*Pause.*)

**Adam.** Kämpfen. Kämpfen. Kämpfen. Ich musste immer kämpfen. Seit ich auf die Welt kam. Das Erste, um das ich kämpfen musste, als ich meinen kleinen Kopf in diese Welt streckte, war die Liebe meiner Mutter, das erkannte ich sofort, als ich ihre Augen sah. Darin sah ich: Dieser Mensch liebt dich nicht. Weil er es nicht kann. Weil er so traurig ist, dass er es nicht kann. Ja, so war es. Ich wurde geschlagen. In der Schule schlug ich andere. Kleinere. Schwächere. Denn das war die einzige Methode, mit Schmerz umzugehen, die ich je gelernt hatte. Dann war ich erwachsen. Ich zog in den Krieg. Ich tötete andere Menschen, diese Erfahrung hat mich stumpf gemacht. Wieder zu Hause, bekam ich Arbeit. Das Geld reichte gerade so, um mir täglich ein gebratenes Huhn und eine Flasche Schnaps zu kaufen. Eva lernte ich in einer Tanzbar kennen. Um sie zu bekommen, musste ich erst beweisen, dass ich besser war. Besser als alle anderen Männer. Das schaffte ich. Ich schaffte es tatsächlich. Ich! Ha. Kurz ging es uns ganz gut. Dann merkte ich, dass Eva sich veränderte. Ihre Augen wurden traurig. Sie soff sehr viel, viel mehr als ich. Ich schlug sie, denn das war die einzige Methode, mit meinem Schmerz umzugehen, die ich je gelernt hatte. Aus Scham und Trauer soff auch ich mehr. Ich

[1] obszön: unanständig, das Schamgefühl verletzend

wurde nachlässig und verlor meine Arbeit. Dadurch hatte ich bei ihr als Mann verspielt. Sie verhöhnte mich und drohte, mich zu verlassen. Dann schlug ich sie, denn das war die einzige Methode, mit Schmerz umzugehen, die ich je gelernt hatte. Sie lief fort. Jetzt suche ich sie. Habt ihr sie gesehen? Sie trägt ein rotes Kleid. Wahrscheinlich ist sie besoffen.

*(Schockiertes Schweigen.)*

**Adam.** Mögt ihr Kunst?

**Gesellschaftskörper.** Ja!

**Adam.** Immer, wenn ich leide, und das passiert fast jeden Tag, lese ich mir selbst was vor. (*Adam holt einen Band Shakespeare aus seinem Koffer und liest.*)

Morgen, und morgen, und dann wieder morgen,
Kriecht so mit kleinem Schritt von Tag zu Tag
Zur letzten Silb' auf unserm Lebensblatt;
Und alle unsre Gestern führten Narr'n
Den Pfad des stäub'gen[1] Tods. – Aus! Kleines Licht! –
Leben ist nur ein wandelnd Schattenbild;
Ein armer Komödiant, der spreizt und knirscht
Sein Stündchen auf der Bühn' und dann nicht mehr
Vernommen wird; ein Märchen ist's, erzählt
Von einem Dummkopf, voller Klang und Wut,
Das nichts bedeutet.

**Gesellschaftskörper.** Hä?

**Adam.** Shakespeare. Macbeth.

**Gesellschaftskörper.** Das ist ja schrecklich.

**Charity.** Da wird einem so sonderbar, dass man sich auf der Stelle zum Wegsprechen anmelden will.

*(Adam wühlt weiter in seinem Koffer. Dabei fällt ein Pornoheft heraus. Der Gesellschaftskörper reicht das Heft durch und bestaunt es.)*

**Gesellschaftskörper.** Es hat Bilder von Großaufnahmen verschiedener Geschlechtsteile dabei.

**Charity.** Warum nur?

---

[1] stäub'gen: staubigen

**Möhringer.** Vielleicht ist es so einsam, dass es sie betrachtet, um sich zu trösten.

**Charity.** Das ist so traurig. Können wir ihm nicht helfen?

**Osho.** Ich fürchte: Nein. Es hat als Heranwachsendes zu viel sexuelle Abweisung erfahren. Es ist verstört.

**Gesellschaftskörper.** Abweisung?

**Möhringer.** Bei den Wilden herrschte eine gnadenlose erotische Selektion. Es gab sogar Menschen, die ihr ganzes Leben lang nicht geküsst wurden. Weil sie physisch zu uninteressant waren. Oder zu arm.

**Gesellschaftskörper.** Ich bin so aufgewühlt, dass ich mich übergeben muss.

**Möhringer.** Bitte nicht.

**Osho.** Möhringer, das erfindest du.

**Möhringer.** Leider nicht. Ich habe mich eine Zeit lang intensiv mit den Wilden beschäftigt. (*Er klettert auf seine Kiste und greift das Mega- oder Mikrofon.*) Die Wilden trugen diesen Namen nicht umsonst. Es wird von ihnen berichtet, dass sie sich manchmal auf der Straße gegenseitig Messer in die Augen rammten, einfach so zum Spaß.

**Gesellschaftskörper.** Oh.

**Möhringer.** Sie bauten Häuser, in denen sie Geld gegen sexuelle Gefälligkeiten tauschten.

**Gesellschaftskörper.** Oh.

**Möhringer.** Es gab Menschen, die so arm waren, dass sie im Müll nach Nahrung suchen mussten.

**Gesellschaftskörper.** Uh.

**Möhringer.** Die Längerlebenden hausten, fern ihrer Familie und ihrer Freunde, in großen Gebäudekomplexen und lagen dort in Metall-Betten in ihren eigenen Exkrementen.

**Gesellschaftskörper.** Uh.

**Möhringer.** Die Wilden errichteten große Hallen, in denen sie Schweine und Rinder bei lebendigem Leib an Haken hängten und sie verbluten ließen, damit sie sie hinterher aufessen konnten.

**Gesellschaftskörper.** Bäh.

**Möhringer.** Wenn sie sich entspannen wollten, drängten sie sich in Kellerlöcher und kippten so lange Gift in ihre Körper, bis sie umfielen und sich erbrachen.

**Gesellschaftskörper.** Ih.

**Möhringer.** Viele waren so einsam, dass sie sich kleine, haarige Tiere hielten, die in ihren Betten schliefen.

**Gesellschaftskörper.** Ih.

**Möhringer.** Ja, bei den Wilden war Einsamkeit so normal, dass es sogar Geschäfte gab, in denen man Geschlechtsteile aus Plastik kaufen konnte, um sie sich in die Körperöffnungen zu stecken.

**Gesellschaftskörper.** Ih.

**Möhringer.** Zur Unterhaltung sahen sie Filme, in denen andere Wilde dabei gezeigt wurden, wie sie sich gegenseitig Gewalt antaten. Sie schnitten sich die Köpfe ab und schlitzten sich die Bäuche auf. Und die Wilden, die vor der Leinwand saßen, freuten sich und lachten.

**Gesellschaftskörper.** Äh.

**Möhringer.** Die Wilden waren wahrscheinlich Kannibalen. Die Funde der Überreste ihrer Kultstätten weisen darauf hin, dass sie ein an Holzstücke genageltes Folteropfer anbeteten, von dem sie sich Heil versprachen. In eigens zu seiner Huldigung erbauten Steinhäusern taten sie so, als äßen sie sein Fleisch und tränken sein Blut.

**Gesellschaftskörper.** Bäh.

**Möhringer.** Adam scheint mir ein Exemplar eines Wilden zu sein. Ich verstehe nicht, wie er in unsere Mitte kam.

*(Eva kommt zurück.)*

**Adam.** Eva?

**Eva.** Adam!

**Adam.** Du bist wieder da.

**Eva.** Ja. Aber ich gehe weg. Weit weg von dir.

**Adam.** Warum? Ich liebe dich doch, Eva.

**Eva.** Du liebst mich?

**Adam.** Ja.

**Eva.** Du liebst mich?

**Adam.** Ja, Eva!

**Eva.** Warum schlägst du mich dann? Hm?

**Adam.** Das weißt du ganz genau.

**Eva.** Ach, das weiß ich also ganz genau. Aha.

**Adam.** Du weißt es. Los, sag's.

**Eva.** Sag du's doch.

**Adam.** Weil du unsere Kinder erwürgt und in Blumentöpfen vergraben hast.

**Eva.** Aha. Deswegen. Ist ja interessant.

**Adam.** Ja. Interessant, was?

**Eva.** Ja. Hochinteressant, mein Lieber. Was glaubst du wohl, warum ich das gemacht hab?

**Adam.** Hm. Keine Ahnung. Du sagst es mir eh gleich.

**Eva.** Ich sag's dir also eh gleich. Aha. Du kommst nicht etwa von allein drauf?

**Adam.** Hm. Lass mich mal nachdenken. Hm. Nein.

**Eva.** Nein?

**Adam.** Nein.

**Eva.** Da klingelt nichts?

**Adam.** Wart mal. Hm. Nein.

**Eva.** Gar nichts?

**Adam.** Nein.

**Eva.** War es vielleicht, weil du meine Schwester vergewaltigt hast?

**Adam.** Ach. Hab ich das?

**Eva.** Schätze mal, schon.

**Adam.** Ach, wirklich? So einer bin ich also?

**Eva.** Genau. So einer bist du.

**Adam.** Ist ja'n Ding.

**Eva.** Ja. Ist'n Ding. Find ich auch.

**Adam.** Wie konnt ich nur so werden.

**Eva.** Frag ich mich auch.

**Adam.** Fragst du dich auch, ja?

**Eva.** Ja. Das frag ich mich. Das frag ich mich wirklich.

**Adam.** Das fragst du dich also. Du weißt es nicht zufällig schon?

**Eva.** Nicht, dass ich wüsste. Nein.

**Adam.** Könnte es eventuell daran liegen, dass du für andere Männer gegen Geld die Beine breit gemacht hast?

**Eva.** Echt? Meinst du?

**Adam.** Könnte was damit zu tun haben, ja.

**Eva.** Komisch.

**Adam.** Was?

**Eva.** Ich kann mich gar nicht daran erinnern, warum ich das gemacht hab.

**Adam.** Nee?

**Eva.** Nee.

**Adam.** Meinst du, es fällt dir noch ein?

**Eva.** Hm. Keine Ahnung.

**Adam.** Es fällt dir sicher gleich wieder ein. (*Gibt ihr eine Ohrfeige.*)

**Eva.** Hm. Nee. Irgendwie nicht.

**Adam.** Nicht? (*Gibt ihr eine Ohrfeige.*) Und jetzt?

**Eva.** Warte ...

**Adam.** Kommt was? (*Gibt ihr eine Ohrfeige.*)

**Eva.** Moment ... Ich habs gleich ...

**Adam.** Ja? (*Gibt ihr eine Ohrfeige.*)

**Eva.** Ah, ja! Ja! Jetzt weiß ich's wieder! Weil du Schlappschwanz nicht genug Geld nach Hause brachtest.

**Adam.** Ach so!

**Eva.** Was sollte ich denn tun, den ganzen Tag? Dich quälen konnte ich nicht, du warst ja weg. Mit den Kindern spielen konnte ich nicht, die waren tot. Einkaufen konnte ich nicht, dafür gabs kein Geld.

**Adam.** Oh, du armer kleiner Hase! Du hättst dir ja selbst einen Job suchen können. Aber dazu warst du nicht in der Lage. Weil du zu viel gesoffen hast, um arbeiten zu gehen.

**Eva.** Und warum hab ich wohl so viel gesoffen? Na? Sag es.

**Adam.** Sag du's mir. Komm schon.

**Eva.** Weil ich jeden Tag nach dem Aufstehen in diese deine kalten Augen sehen musste und dort keine Freude und keine Hoffnung sah, sondern nur Gram und Hass.

**Adam.** Diese meine Augen waren voll Gram und Hass, weil ich von klein auf kämpfen musste gegen einen Feind. Einen Feind mit wechselndem Gesicht. Und erkennen musste, dass der Feind auch dein Gesicht trug.

*(Weint.)*

**Eva.** Mein armer, armer Schatz. Nicht weinen, Baby. Mama ist hier. Mama ist doch hier. (*Nimmt Adam in den Arm.*)

**Adam.** Ich liebe dich doch, Eva.

**Eva.** Ich liebe dich doch auch, Adam.

*(Adam hält ihr die Flasche hin.)*

**Adam.** Da. Trink was. Trink.

*(Eva trinkt. Adam hält ihr ein Huhn hin.)*

**Adam.** Iss was.

*(Eva isst.)*

**Eva.** Gib mir eine Zigarette.

*(Adam hält ihr Zigaretten hin.)*

**Adam.** Da. Rauch.

*(Eva raucht. Blättert im Pornoheft, isst.)*

**Eva.** Wollen wir ficken?

**Adam.** Du willst ganz viele neue Kinder mit mir machen?

**Eva.** Oh ja. Ich werde die neuen Kinder auch nicht erwürgen und im Blumentopf vergraben. Versprochen.

**Adam.** Na, das werden wir ja sehen.

*(Sie fangen an, sich auszuziehen und übereinander herzufallen.)*

**Möhringer.** Sie dürfen sich nicht fortpflanzen.

**Gesellschaftskörper.** Oh nein!

**Osho.** Wenn sie sich fortpflanzen, haben wir ein Problem.

**Charity.** Sie werden ihre Kinder quälen und deformieren, bis sie so kaputt sind wie sie selbst.

**Osho.** Und selbst, wenn sie sich nicht fortpflanzten: Was sollen wir mit ihnen tun? Welche Aufgabe können sie in unserer Gemeinschaft übernehmen?

**Gesellschaftskörper.** Lassen wir sie Nahrung anbauen, vergiften sie die Pflanzen. Lassen wir sie unsere Kinder hüten, erzählen sie ihnen böse Märchen. Lassen wir sie den Park pflegen, fangen sie die Vögel, drehen ihnen den Hals um und fressen sie. Lassen wir sie singen, singen sie schreckliche Lieder von Leiden, Schmerz, Eifersucht und

Gier. Lassen wir sie die Längerlebenden betreuen, schlagen sie sie. Vertrauen wir ihnen die Kürzerlebenden an, zeigen sie ihnen Bilder von Geschlechtsteilen in Großaufnahme. Nein, wir können Adam und Eva nicht in unserer Mitte dulden.

**Osho.** Wir müssen sie wegschicken.

**Charity.** Aber wohin? Da draußen gibt es nichts.

*(Sam sagt etwas in Gebärdensprache.)*

**Möhringer.** Aber Sam. Wir können sie doch nicht einsperren. So etwas gilt bei uns als nicht angemessen.

*(Sam sagt etwas in Gebärdensprache.)*

**Charity.** Dann müssen wir ihnen helfen, rechtzeitig ihren Moment zu erleben.

**Gesellschaftskörper.** Schau nur, wie sie leiden.

**Adam.** Die wollen uns umbringen.

**Gesellschaftskörper.** Aber nein. Ich will euch erlösen! Ihr seid eine überwundene Stufe.

Ihr seid schon längst ausgestorben. Ihr seid nicht mehr. Lasst los. Bald werdet ihr anderen, kleineren Lebewesen als Nahrungsgrundlage dienen. Das ist schön. Das ist natürlich.

**Eva.** Ich will nicht sterben!

**Möhringer.** Es ist nicht schlimm.

**Osho.** Schlimm, was ist schon schlimm? Gar nichts ist schlimm.

**Charity.** Du hast die Ehre, den Kommenden Platz zu machen und dem ewigen Kreislauf von Werden und Vergehen zu dienen.

**Eva.** Nein, bitte nicht!

**Gesellschaftskörper.** Wie krank musst du sein, wenn dich das Normale so quält?

*(Der Gesellschaftskörper wirft Adam und Eva eine Tüte über den Kopf und drückt sie zu.
Fabien tritt vor.)*

**Fabien.** Wie ich sehe, hat euch unser Stück gefallen.

**Gesellschaftskörper.** Was?

**Fabien.** Unser Stück: „Die Wilden". Ich habe es selbst geschrieben.

**Gesellschaftskörper.** Oh. (*Er reißt Adam und Eva schnell die Tüten vom Kopf.*

*Löst sich wieder in Individuen auf. Jemand fängt an zu klatschen. Die anderen fallen ein.*

*Adam/Conny, Eva/Maxime und Fabien verbeugen sich. Sie bekommen Blumen, Nahrung und Wasser in die Hand gedrückt.)*

**Luca.** Das war das beste Stück, das ich jemals gesehen habe.

**Pat.** Und so klug.

**Kim.** Und so begabte Schauspielende.

**Tony.** Und so überzeugend.

**Leslie.** Großartig.

**Ulli.** Das war sehr professionell.

**Momo** (*holt sein Notizbuch aus der Tasche*). Es war so interessant, dass ich dieses Erlebnis gern in meinem Dankbarkeits-Tagebuch notieren möchte.

**Camille** (*holt sein Notizbuch aus der Tasche*). Ich auch.

**Alex** (*holt sein Notizbuch aus der Tasche*). Ich auch.

**Charity.** Ich hab vor Mitleid fast geweint.

**Sascha.** Ihr wart so gut, dass ihr sogar Professor Möhringer verwirrt habt.

**Möhringer.** Kurz zweifelte ich an meinem gesunden Menschenverstand.

**Osho.** Ist es nicht die Aufgabe der Kunst, Zweifel zu säen, auf dass der Rezipient das Gute immer wieder hinterfrage, ob es denn noch das Gute sei, um ihm hinterher umso gefestigter zu folgen?

**Fabien.** Das hast du sehr schön gesagt, Doktor Osho.

**Kay.** Zeigt mal die Requisiten. Wo habt ihr das alles her?

**Adam/Conny.** Aus dem Museum für Früher. Die haben uns dort netterweise weitergeholfen und uns ein paar Exponate[1] geliehen.

**Lu.** Wie gut ihr die Sprache imitiert habt.

---

[1] Exponat: Ausstellungsstück, Museumsstück

**Jackie.** Dafür habt ihr sicher lange proben müssen.

**Eva/Maxime.** Ja, das mit der Sprache war nicht einfach. Aber irgendwie haben wir sie dann doch in den Kopf bekommen.

**Adam/Conny.** Das ist doch unsere Aufgabe als Schauspielende.

**Eva/Maxime.** Es ging darum, die komischen Ausdrücke ganz ernst zu sagen. Sich nicht über die Wilden zu erheben. Sondern zu fühlen, was sie fühlen.

**Jackie.** Was für eine wundervolle Berufung. Ihr müsst damit sehr glücklich sein.

## 24

*Camille schlägt auf den Gong. Alle stehen auf, formen einen Kreis und zelebrieren die Performance. Dabei summen sie erst Vokale in unterschiedlichen Tonhöhen und machen langsame Tanzbewegungen, die an Eurythmie erinnern können. Dann fassen sie sich an den Händen und laufen langsam im Kreis. Dabei lachen sie. Erst leise, dann lauter und heftiger, bis sie von einem ekstatischen, kollektiven Lachkrampf geschüttelt werden. Abrupt verstummen sie.*

12.10.2014

# Anhang

## 1. Rebekka Kricheldorf

### Eine biografische Notiz

Wenn man an Theater denkt, denkt man vielleicht schnell an Inszenierungen bekannter Klassiker. Doch dass das Theater genauso auch auf aktuelle Themen reagieren kann, zeigen Theaterstücke, wie sie Rebekka Kricheldorf schreibt. Seit 2003 werden ihre Stücke im Theater aufgeführt, und bis heute im Jahr 2023 hat sie schon 40 solcher Stücke verfasst. Dabei setzt sie sich immer wieder mit gesellschaftlichen Themen auseinander, die sie unter anderem durch den Einsatz von Komik zu ergründen sucht.
Rebekka Kricheldorf wurde am 9. Oktober 1974 in Freiburg im Breisgau geboren und verlebte dort ihre Kindheit und Jugend. 1995 ging sie nach Berlin, um dort an der Humboldt-Universität Romanistik zu studieren. Nach zwei Jahren wechselte sie dann an die Universität der Künste in Berlin, um sich dem Studium des Szenischen Schreibens zu widmen. Schon während dieses Studiums erhielt sie ein Aufenthaltsstipendium auf Schloss Wiepersdorf[1]. Ihr Studium schloss sie 2002 ab, und von da an war ihr Leben stark mit dem deutschen Theater verknüpft. So war sie zum Beispiel von 2009 bis 2011 Hausautorin und Mitglied der künstlerischen Leitung am Theaterhaus Jena und schrieb zahlreiche Auftragsarbeiten für Bühnen wie das Staatstheater Stuttgart oder das Deutsche Theater Berlin.
Das Stück *Homo Empathicus* schrieb sie als Auftragsarbeit für

[1] Die Kulturstiftung von Schloss Wiepersdorf vergibt dreimonatige Stipendien an Schriftsteller und Schriftstellerinnen.

das Deutsche Theater Göttingen. Es wurde im Oktober 2014 unter der Regie von Erich Sidler dort uraufgeführt.
Im Laufe ihres Schaffens erhielt Rebekka Kricheldorf zahlreiche Auszeichnungen, unter anderem den Autorenpreis der deutschsprachigen Theaterverlage und den Kasseler Literaturpreis. Zudem wurde ihr 2019 an der Universität des Saarlandes in Saarbrücken die 8. Saarbrücker Literaturdozentur für Dramatik[1] übertragen. In diesem Rahmen hielt sie drei öffentliche Vorlesungen.
2021 wandte sich Rebekka Kricheldorf einer neuen Gattung zu und veröffentlichte ihren ersten Roman mit dem Titel *Lustprinzip*.

Originalbeitrag

## Nadja Peterson, Leander Teichert, Alexander Kühn: THGfm im Gespräch mit Rebekka Kricheldorf

*Ausschnitte eines Interviews[2] mit Rebekka Kricheldorf, telefonisch geführt von Leander Teichert am 22. März 2023. Leander Teichert ist Oberstufenschüler des Theodor-Heuss-Gymnasiums in Radevormwald. THGfm ist ein Schulradio, welches in regelmäßigen Abständen Sendungen und Podcasts im Bürgerfunk[3] auf Radio Berg[4] und auf der Bürgermedienplattform NRWISION[5] veröffentlicht.*

---

1 Hierzu werden jedes Jahr andere Dramatikerinnen und Dramatiker sowie Theatermachende eingeladen, um öffentliche Vorlesungen über ihre Sicht auf Poetik, Drama und Theater zu halten.

2 Beim vorliegenden Text handelt es sich um transkribierte Ausschnitte des Radiointerviews, welches in voller Länge auf NRWISION zu finden ist. Der Text wurde zur besseren Lesbarkeit redaktionell angepasst.

3 Bürgerfunk: nicht kommerzielle lokale Radiosendungen, die von Bürgerinnen und Bürgern selbst produziert und anschließend zu festgelegten Sendezeiten bei privaten Lokalsendern ausgestrahlt werden

4 Radio Berg: privater lokaler Radiosender im Bergischen Land, NRW

5 Bürgermedienplattform NRWISION: nicht kommerzielle Mediathek der Landesmedienanstalt NRW zur Veröffentlichung von TV-, Radio- und Podcast-Produktionen von Bürgerinnen und Bürgern

**Wären Sie so freundlich und würden sich unseren Zuhörern/ Zuhörerinnen einmal kurz vorstellen?**

Ich heiße Rebekka Kricheldorf, bin Dramatikerin von Beruf und übe diesen Beruf jetzt inzwischen schon 20 Jahre aus. Ich habe in Berlin an der Universität der Künste „Szenisches Schreiben" studiert, und seitdem schreibe ich sehr unterschiedliche Stücke, die alle ein bisschen in eine komödiantische Richtung gehen. Ich schreibe viele Tragikomödien und schreibe aber auch sehr gerne Stücke, die mit mythologischem oder Märchenmaterial spielen.

**Wie kamen Sie denn auf die Idee zum Inhalt des Schauspiels und eben zu diesem Titel „Homo Empathicus"?**

Das ist immer ein sehr komplexer Prozess, wie ich auf die Idee komme, ein Stück über ein Thema zu schreiben. Da kommen meistens verschiedene Dinge zusammen. In diesem Fall gab es eine praktische Ebene und eine eher inhaltliche Ebene. Die inhaltliche war, dass ich mir schon lange mal vorgestellt hatte, wie es denn wäre, ein Stück komplett ohne Konflikt zu schreiben. Man sagt ja immer, Drama ist Konflikt und es gibt überhaupt kein konfliktfreies Theaterstück. Und ich dachte, vielleicht wäre es einen Versuch wert, das auszuprobieren und zu gucken, was dann passiert. Und gerade auch im Hinblick auf ein paar Strömungen in unserer Gesellschaft wollte ich mal schauen, wie man das auf die Spitze treiben kann. Und ich wollte einfach mal sehen, kann ich so etwas überhaupt schreiben und was macht das mit dem Publikum. Auf dieses Experiment hatte ich schon jahrelang große Lust. Dann kam noch dazu, dass das Deutsche Theater in Göttingen einen Intendantenwechsel im Jahr 2014[1] hatte, und es hat sich von mir ein Stück für die Eröffnung der neuen Intendanz gewünscht. Ich hatte dann die Idee, etwas zu schreiben, wo das ganze Ensemble vorkommt. Und deswegen gibt es diese 26 Personen, die natürlich nicht so individuell vorkommen können wie in einem

[1] Erich Sidler (geb. 1965) löste zur Spielzeit 2014/2015 den bisherigen Intendanten Mark Zurmühle ab, der das Theater zuvor 15 Jahre lang geleitet hatte.

Stück mit drei bis fünf Personen. Ich hatte dann die Idee, etwas zu schreiben, wo es eher um die Gesellschaft geht oder eben einen Gesellschaftskörper, wo also die Gemeinschaft im Vordergrund steht und nicht so sehr das Individuum. Das war dann eben die praktische Seite, die theaterpraktische Seite. So war der Entstehungsprozess, und den Titel habe ich von einem Ökonomen, Jeremy Rifkin. Der hat auch über dieses Thema geschrieben, und entweder hat er, das weiß ich gerade nicht mehr, ein ganzes Buch mit diesem Titel geschrieben oder ich glaube, in einem Buch[1] von ihm gibt es ein Kapitel, was „Homo Empathicus" heißt. Und da dachte ich, das ist genau der richtige Titel für mein Stück.

**Und welche Bedeutung hat das Theater bzw. das Drama heute? Das heißt, gerade bezogen auf die gesellschaftlichen Themen, die ja durchaus angesprochen werden in diesem Stück.**
Ja, das ist ja immer wieder die interessante Frage, die sich das Theater auch selbst stellt. Darüber habe ich sehr viel nachgedacht. Vor allem jetzt auch nach dieser Corona-Zeit, in der sich das Theater wieder die Relevanzfrage stellen musste. Es gab viele Menschen, die vorher ins Theater gingen, und dann hatte man den Eindruck bekommen, dass sie nicht mehr zurückkommen, aber jetzt füllen sich die Häuser wieder. Und wie kann eigentlich das Theater das leisten, was andere Formen nicht leisten können? Und ich finde schon dadurch, dass es so etwas Unmittelbares hat, also dass da wirklich Menschen auf der Bühne stehen und es nicht ist wie im Kino, wo alles schon abgefilmt ist und man als Publikum allein da sitzt, sondern dass da wirklich Menschen von Menschen live etwas vorgespielt bekommen, das erzeugt schon einen speziellen Zauber. Und ich glaube auch, das Theater kann auf politische Debatten relativ schnell reagieren. Das Theater hat ja diese eine Seite, dass es aktuell sein kann. Es kann aber natürlich auch Klassiker-Pflege betreiben und auch andere Formen ausprobieren, die vielleicht der Film oder der Roman nicht ausprobieren kön-

[1] Jeremy Rifkin: Die empathische Zivilisation. Wege zu einem globalen Bewusstsein. Campus Verlag, Frankfurt 2010

nen. Denn es hat mehr Mittel zur Verfügung. Es hat einerseits etwas sehr Archaisches[1] und auch ein bisschen Altmodisches, aber es hat auch eben sehr viel mehr Möglichkeiten, Dinge oder Geschichten anders zu erzählen.

**Welche Rolle spielen Rezensionen für Sie als Autorin?**
Man wird ja quasi durch die Kritiker/-innen von außen beurteilt; und ich finde das auch eine sehr wichtige Funktion, für Außenstehende zu beschreiben, worum es in dem Stück geht. Aber es ist natürlich für uns Schreibende manchmal auch ein bisschen schwierig, weil man sich auch von den Kritiker/-innen nicht verstanden fühlen kann. Oder wenn es dann negative Kritik gibt, ärgert man sich. Aber genauso ist es dann sehr schön, wenn man merkt, dass sie die eigene Intention, die man mit dem Stück hatte, genau richtig erkannt haben. Also, es ist irgendwie eine Hassliebe, obwohl das zu stark gesagt ist. Es ist manchmal ein etwas angespanntes Verhältnis zur Kritik. Aber eigentlich finde ich sie schon sehr wichtig und ich kann damit meistens ganz gut umgehen. Ich kenne aber auch Leute, die gar keine Kritiken lesen, weil sie sich davon in ihrem eigenen Schreiben oder in ihrer Arbeit nicht beeinflussen lassen wollen. Aber so radikal bin ich nicht. Außerdem bin ich immer viel zu neugierig und will wissen, wie das, was ich da schreibe, außen angekommen ist.

**Kommen wir vom Berufsalltag wieder zurück zum Inhalt des Stückes „Homo Empathicus“. Auf einem der Einbände des Stückes wird beschrieben, dass die Gesellschaft, die dargestellt wird, eine utopische Gesellschaft sei. Beim Lesen im Unterricht haben wir uns dann natürlich die Frage gestellt, ob das wirklich so ist. Warum ist es denn aus Ihrer Sicht eine Utopie?**
Also, das würde ich auch nicht unterschreiben, dass es eine Utopie ist. Ich habe das auch bewusst so ambivalent gehalten. Diese Vorstellung, dass es eine Gesellschaft gibt, in der alle

---

[1] archaisch: der Vor- oder Frühzeit angehörend

nett zueinander sind, alle sehr achtsam sind, alle empathisch[1], es keinerlei negativen Gefühle gibt und keine Hierarchien, ist ja erstmal schön. Aber man merkt ja auch im Verlaufe des Stückes, dass das alles so utopisch gar nicht ist, sondern vielleicht auch eventuell in eine Dystopie kippen könnte. Meiner Meinung nach gibt es einfach negative menschliche Gefühle, die nicht verschwinden, indem man sie nicht mehr zum Ausdruck bringt. Wenn ich mich selbst in mein Stück „Homo Empathicus" reinsetze und es mir eine halbe Stunde lang angucke bzw. die Gesellschaft, wie sie so interagiert, dann finde ich das erst mal sehr schön. Dann merke ich aber auch, nein, das stimmt nicht. Das ist irgendwie verlogen, oder, wie ja auch das Stück am Ende zeigt, diese Harmonie ist erkauft durch eine sehr, sehr krasse radikale Ausgrenzung anderer, die eben nicht so funktionieren oder nicht so empathisch sind. Ich wollte das absichtlich schon sehr ambivalent halten, deswegen teile ich Ihre Meinung, dass es so utopisch gar nicht ist.

**Was aber ein deutlich auffälligerer Aspekt ist, ist die Sprache, die gewählt wird, von den Personen selbst, aber auch, wenn die Personen beschrieben werden. Gerade das Gendern bzw. die geschlechtsneutrale Sprache sticht dabei, insbesondere beim Lesen, sehr hervor. Als Sie das geschrieben haben, wie gut hat dieses literarische Schreiben und das gleichzeitige Gendern überhaupt für Sie zusammengepasst?**
Da sieht man auch ein bisschen, dass das Stück dann doch schon fast zehn Jahre alt ist, denn damals hatte sich das mit dem Gendern noch nicht so durchgesetzt und es wirkte noch viel utopischer oder viel Science-Fiction-artiger, als es jetzt ist. Also, jetzt gibt es natürlich die verschiedenen Formen, die man anwenden kann, und ich habe mich dazu entschlossen, einfach die neutrale Form zu wählen. Es ist eben eine Gesellschaft, die ja immer sagt, dass das Geschlecht privat ist. Also, dachte ich, ist das neutrale Ansprechen das Richtige. Und das fühlte

---

[1] empathisch: Bereitschaft und Fähigkeit, sich in die Einstellungen und Gefühle anderer Menschen einzufühlen und angemessen darauf zu reagieren

sich schon so an, als würde ich eine Social-Fiction[1] schreiben und eine Sprache anwenden, die man in der Realität so nicht anwendet. Inzwischen gibt es ja verschiedene Formen und alle möglichen Varianten, wie man sich ansprechen kann, und ich finde, dass auch alle ihre Vor- und Nachteile haben. Ich finde aber, das Stück klingt jetzt ein bisschen anders als noch vor zehn Jahren. Klar, das ist jetzt auch nicht schlimm, weil das einfach zeigt, dass natürlich das Theater auch als Kommentar zur Gegenwart ein gewisses Verfallsdatum hat bzw. dass bestimmte Dinge einfach nach zehn Jahren anders klingen. Oder dass sie vielleicht neu eingeordnet werden müssen, weil sie einfach einen anderen Kontext vorfinden. Und das gibt es ja auch bei der Diskussion darüber, wie man heute noch Klassiker spielen kann. Schon allein Stücke aus den Achtzigern klingen anders als in den Achtzigern selbst. Das finde ich ganz interessant, wie sich das so verändert und dass jetzt das Stück einfach normaler oder gegenwärtiger klingt als noch vor zehn Jahren. Diese Sprachebene ist dieser eine Teil des Stückes, aber mir ging es grundsätzlich um ein Konzept einer maximalen Achtsamkeit, die einem natürlich auch irgendwann suspekt vorkommen kann oder auch lächerlich. Man darf nicht mehr „Scheiße" sagen, weil es eine Beleidigung der Scheiße ist. Da fragt man sich schon, wenn wir jetzt noch weiter gehen, was ist dann noch überhaupt sagbar, und verschwindet das Nicht-Gesagte dann oder wird das subkutan[2] und fließt irgendwo anders ein?

**Wenn Sie jetzt noch einmal ein Stück schreiben würden, bei dem die Sprache nichts oder wenig mit dem Thema zu tun hat, welche Form des Genderns würden Sie heute benutzen?**
Das ist eine schwierige Frage, die ich mir ja ständig beim Schreiben stelle. Ich habe da wirklich schon oft mit vielen Men-

---

1 Social-Fiction: Bereich der Science Fiction, der sich stärker mit dem gesellschaftlichen Zusammenleben als mit technischen Aspekten in der Zukunft befasst

2 subkutan: medizinischer Begriff, der aus dem Lateinischen kommt und wörtlich übersetzt „unter die Haut" bedeutet

schen diskutiert und viel darüber nachgedacht. Ich benutze eigentlich inzwischen so eine Art Mischform. Ich benutze ein generisches Maskulinum[1], aber ich benutze häufiger auch die feminine Form, wenn es geht. Früher wurde ja auch immer einfach gesagt „Polizisten" und dann dachte man eben an Polizisten und Polizistinnen und heute ist es klar, wenn man „Polizisten" sagt, dass nur die Männer gemeint sind. Ich versuche schon, darauf zu achten. Aber ich als Autorin habe da ein Problem mit dem Gendern – das klingt jetzt vielleicht wie ein doofer Einwand, ist es aber für mich nicht – und das ist der Rhythmus. Ich habe oftmals das Problem, dass es dann rhythmisch für mich nicht stimmt, gerade wenn das ein literarischer Text ist oder wenn es mit einer gewissen Metrik[2] zu tun hat. Dann versuche ich einfach, andere Formen zu finden oder irgendwie anders diese Geschlechtergerechtigkeit im Text hinzukriegen. Ich versuche dann, nicht diese Doppelungen vorzunehmen oder eben neutrale Formen zu wählen, wie jetzt auch in diesem Stück. Ich verwende auch eher nicht das Sternchen, was ich zum Beispiel in der Alltagssprache unproblematisch finde. Aber eben im literarischen Text sind diese Doppelnennungen oder das Sternchen manchmal aus rein metrischen Gründen ein Problem.

**Glauben Sie denn, das wird sich jetzt über die Zeit irgendwie einfinden, oder ist das schon noch eine Sache, die wir über die nächsten Jahre oder gegebenenfalls Jahrzehnte debattieren werden? Also, natürlich muss man dabei immer beachten, Sprache verändert sich, aber deswegen ist diese Debatte überhaupt auch so interessant.**
Ich glaube schon, dass das bleiben wird in dem Sinne, dass wir nicht mehr zu der alten Form zurückkehren werden, aber es wird sich noch ein paar Mal verändern oder vielleicht gibt es auch neue Ideen. Also, ich glaube schon, dass die Debatte darüber noch eine Weile bleiben wird. Die Fronten sind ein biss-

1 Siehe S. 86.
2 Metrik: Abfolge von betonten und unbetonten Silben in einem Gedicht

chen verhärtet, was ich schade finde, weil jeder erstmal so sprechen sollte, wie er will, und dann wird sich das schon herauskristallisieren. Ich finde es immer schade, wenn vorschnell Regeln aufgestellt werden, egal in welche Richtung. Zum Beispiel höre ich hier in Berlin immer so einen Radiosender, Radio 1, und da fällt mir das auf, dass jeder Moderator und jede Moderatorin es einfach macht, wie er oder sie es will. Das finde ich irgendwie sehr entspannt und da gibt es alle Formen zu hören, also vom generischen Maskulinum bis zur Doppelung. Aber ich glaube, die Diskussion wird uns noch eine Weile erhalten bleiben, und ich glaube, wir sind gerade erst am Anfang. Vielleicht kommen wir bei irgendeiner Form raus, die für alle passt. Das wäre sehr schön.

THGfm: Rebekka Kricheldorf, Dramatikerin – Theaterstück „Homo Empathicus", Schulradio THGfm, Theodor-Heuss-Gymnasium in Radevormwald, 22.03.2023

# 2. Wie aus Sprache Bewusstsein wird

*Eine Besonderheit, die einem beim Lesen des Stückes „Homo Empathicus" sofort auffällt, ist die spezielle Sprache, die die dort gezeigte Gemeinschaft zur Kommunikation nutzt. In dem Stück wird deutlich, dass sich die Sprache auch auf das gesamte gesellschaftliche und soziale Leben auswirkt – die Sprache beeinflusst das Verhalten und die Denkmuster der handelnden Figuren.*

*Die Frage, wie sich die Sprache auf das Denken und Handeln auswirkt, ist in den letzten Jahren und Jahrhunderten schon oft in der Wissenschaft und Literatur behandelt worden. Mithilfe dieses Kapitels lässt sich die besondere Sprache in der Welt des „Homo Empathicus" aus verschiedenen Blickwinkeln beleuchten.*

## Alexandra Wölke: Merkmale der Sprache nach Ferdinand de Saussure

*Ferdinand de Saussure (1857–1913) war ein aus der Schweiz stammender Sprachwissenschaftler. Durch seine in Genf gehaltenen Vorlesungen zu Beginn des 20. Jahrhunderts wurde er zum Wegbereiter der modernen Linguistik. Sein posthum veröffentlichtes Hauptwerk „Grundfragen der allgemeinen Sprachwissenschaft" basiert auf Vorlesungsmitschriften eines seiner Studenten. Saussure entwickelt darin eine Theorie der Sprache als Zeichensystem.*

De Saussure beschreibt die Merkmale der Sprache, die ihm zufolge grundsätzlich zwei verschiedene Seiten hat, folgendermaßen:

1. Der einzelne Sprecher bzw. die einzelne Sprecherin kann die Sprache nicht für sich allein schaffen oder umgestalten, somit existiert sie unabhängig vom Individuum. Ihr liegt eine bestimmte Struktur mit spezifischen Gesetzmäßigkeiten

zugrunde, die festgelegt sind und von Sprecherinnen und Sprechern erlernt werden müssen. Diese Seite der Sprache als ein abstraktes System von Zeichen und Regeln nennt de Saussure „langue“. Man kann Sprache („langue“) auch dann gesondert erforschen, wenn diese bereits nicht mehr in gesprochener Form existiert, was man gut am Beispiel des Lateinischen belegen kann.

2. Von der „langue“ muss die jeweils aktuell gesprochene Sprache unterschieden werden. De Saussure nennt sie „parole“. Diese Seite der Sprache ist an das Individuum gebunden und realisiert sich im konkreten Sprechen in der Gegenwart. Somit kann die „parole“ sehr verschiedenartige Ausprägungen annehmen.
3. Sprache entsteht unter anderem da, wo ein Lautbild mit einer Vorstellung im Kopf verknüpft wird. De Saussure verwendet dafür das folgende Schaubild:

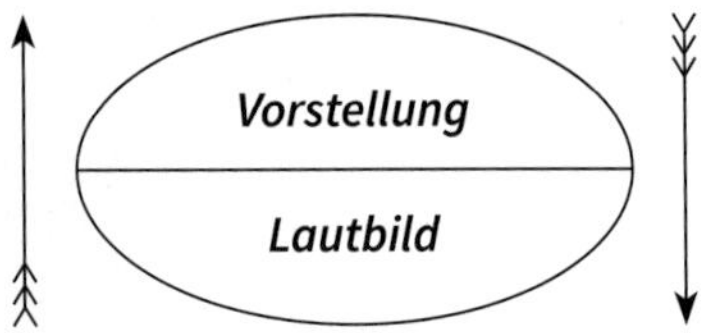


Die Zuordnung eines Wortes zu einem Gegenstand (oder einem Sachverhalt, einer Person etc.) in der Wirklichkeit – mithin der Wortschatz einer Sprache – stellt dafür eine Voraussetzung dar. Diese Zuordnung kommt durch eine willkürliche Auswahl und nicht durch eine innere Verbindung oder Ursächlichkeit zustande. De Saussure nennt diese Willkürlichkeit bzw. Zufälligkeit „Arbitrarität“. Indem die Mitglieder einer Sprachgemeinschaft den Wortschatz sowie die anderen Elemente der Sprache wie die Grammatik erlernen, folgen sie einer gesellschaftlichen Konvention.

Das sprachliche Zeichen kommt somit durch die Verbindung von dem Ausdruck, dem sogenannten „Bezeichnendem“ („signifiant“, Lautbild), mit dem „Bezeichneten“ („signifié“, Inhalt bzw. Bedeutung) zustande. Die menschliche Fähigkeit, die für die Entstehung des sprachlichen Zeichens wesentlich ist, ist die der Abstraktion. Da in der Wirklichkeit die Dinge, die mit nur einem Wort (z. B. mit dem Wort „Blume“) bezeichnet werden, durchaus unterschiedliche Erscheinungsformen haben können, muss im menschlichen Geist die Fähigkeit der Reduktion auf das Wesentliche vorhanden sein. Gleichermaßen erklärt das aber auch, warum jede Sprecherin und jeder Sprecher einer Sprache durchaus unterschiedliche Vorstellungsbilder entwickeln kann, wenn sie oder er das entsprechende Wort liest oder hört.

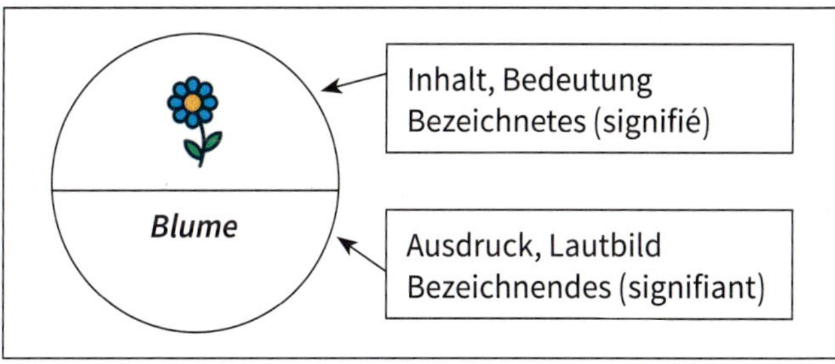


Alexandra Wölke, P.A.U.L. D., Allgemeine Ausgabe für die Oberstufe, Westermann, Braunschweig 2024, S. 74

## George Orwell: Grammatik der Neusprache

*In seinem Roman „1984“, geschrieben im Jahr 1948, verfasste George Orwelll (1903 – 1950) die negative Utopie (Dystopie) eines totalitären Staatssystems, das geprägt ist durch die vollständige Überwachung der Bürgerinnen und Bürger. Der Diktator von Ozeanien, der „Große Bruder“ (engl. „Big Brother“), hat per Videoübertragung jederzeit Einblick in die Lebensvollzüge der Menschen, die somit keinerlei Privatsphäre mehr haben. In dieser Gesellschaft soll eine neue Sprache geschaffen werden, die der Autor in einem mehrseitigen Anhang seines Romans detailliert beschreibt.*

Die Neusprache war die in Ozeanien eingeführte Amtssprache, die zur Deckung der ideologischen Bedürfnisse des Engsoz[1] erfunden worden war. Sie hatte nicht nur den Zweck, ein Ausdrucksmittel für die Weltanschauung und geistige Haltung zu sein, die allein den Anhängern des Engsoz angemessen war, sondern sollte darüber hinaus jede Art anderen Denkens ausschalten. [...] Der Wortschatz der Neusprache war so konstruiert, dass jeder Mitteilung, die ein Parteimitglied berechtigterweise machen wollte, eine genaue und oft sehr differenzierte Form verliehen werden konnte, während alle anderen Inhalte ebenso wie die Möglichkeit, etwa auf indirekte Weise das Gewünschte auszudrücken, ausgeschlossen wurden.

Das wurde teils durch die Erfindung neuer, hauptsächlich aber durch die Ausmerzung unerwünschter Wörter erreicht, und auch dadurch, dass man die übrig gebliebenen Wörter so weit wie möglich jeder unorthodoxen[2] Nebenbedeutung entkleidete. Ein Beispiel hierfür: Das Wort frei gab es zwar auch in der Neusprache, aber es konnte nur in Sätzen wie „Dieser Hund ist frei von Flöhen" oder „Dieses Feld ist frei von Unkraut" angewandt werden. In seinem alten Sinne von „politisch frei" oder „geistig frei" konnte es nicht gebraucht werden, da es diese politische oder geistige Freiheit nicht einmal mehr als Begriff gab und infolgedessen auch keine Bezeichnung dafür vorhanden war. [...]

Der Wortschatz A bestand aus den für das tägliche Leben benötigten Wörtern, also Wörtern für Dinge wie Essen, Trinken, Arbeiten, Anziehen, Treppensteigen, Eisenbahnfahren, Kochen und dergleichen. Er war fast völlig aus bereits vorhandenen Wörtern zusammengesetzt wie etwa schlagen, laufen, Hund, Baum, Zucker, Haus, Feld, doch im Vergleich zum heutigen Wortschatz war die Zahl dieser Wörter äußerst gering und ihre Bedeutung viel strenger umrissen. Sie waren von jedem Doppelsinn und jeder Bedeutungsschattierung gereinigt. Es wäre

---

[1] Engsoz: Kunstwort zur Bezeichnung des im Roman dargestellten totalitären Staatssystems („Eng" = England, „soz" = Sozialismus)

[2] unorthodox: einer festgelegten Lehrmeinung widersprechend

ganz unmöglich gewesen, sich des Wortschatzes A etwa zu literarischen Zwecken oder in einer politischen oder philosophischen Diskussion zu bedienen. Er war nur dazu bestimmt, einfache, zweckbestimmende Gedanken auszudrücken, bei denen es sich gewöhnlich um konkrete Dinge oder physische Vorgänge handelte. [...]

Der Wortschatz B bestand aus Wörtern, die absichtlich zu politischen Zwecken gebildet worden waren, die also nicht nur in jedem Fall auf einen politischen Sinn abzielten, sondern dazu bestimmt waren, den Benutzer in die gewünschte Geistesverfassung zu versetzen. Ohne ein eingehendes Vertrautsein mit den Prinzipien des Engsoz war es schwierig, diese Wörter richtig zu gebrauchen. In manchen Fällen konnte man sie in die Altsprache oder sogar in Wörter aus dem Wortschatz A übersetzen, aber dazu war gewöhnlich eine lange Umschreibung notwendig, und unweigerlich gingen dabei gewisse Schattierungen verloren. [...]

Kein Wort des Wortschatzes B war ideologisch neutral. Eine ganze Reihe davon hatte den Charakter reiner sprachlicher Tarnung; sie waren einfach Euphemismen[1]. So bedeuteten zum Beispiel Wörter wie Lustlager (Zwangsarbeitslager) oder Minipax (Friedensministerium = Kriegsministerium) fast das genaue Gegenteil von dem, was sie zu besagen schienen. [...]

Der leicht eingehende Wohlklang überwog daher in der Neusprache jede andere Erwägung, außer der Genauigkeit der Bedeutung; Grammatikregeln mussten immer zurücktreten, wenn es erforderlich schien. Und das mit Recht, denn man benötigte – vor allem für politische Zwecke – unmissverständliche Kurzwörter, die leicht ausgesprochen werden konnten und im Denken des Sprechers ein Minimum an ideenverwandten Erinnerungen wachriefen. Die einzelnen Wörter des Wortschatzes gewannen noch dadurch an Ausdruckskraft, dass sie einander fast alle sehr ähnlich waren. Sie waren fast immer zwei-, höchstens dreisilbig (Gutdenk, Minipax, Lustlager, Engsoz, Intusfühl, Denkpoli), wobei die Betonung ebenso häufig

---

[1] Euphemismen: beschönigende Umschreibungen

auf der ersten wie auf der letzten Silbe lag. Durch ihre Verwendung entwickelte sich ein bestimmter rednerischer Stil, der zugleich zackig, hohltönend und monoton war.

Der Wortschatz C stellte eine Ergänzung der beiden vorhergehenden dar und bestand ausschließlich aus wissenschaftlichen und technischen Fachausdrücken. Diese ähnelten den früher gebräuchlichen und waren aus den gleichen Wurzeln abgeleitet, doch ließ man die übliche Sorgfalt walten, sie streng zu umreißen und von unerwünschten Nebenbedeutungen zu säubern. Sie folgten den gleichen grammatikalischen Regeln wie die Wörter in den beiden anderen Wortschätzen. [...]

Es war also in der Neusprache so gut wie unmöglich, verbotenen Ansichten, über ein sehr niedriges Niveau hinaus, Ausdruck zu verleihen. Man konnte natürlich ganz grobe Ketzereien wie einen Fluch aussprechen. Man hätte zum Beispiel sagen können: „Der große Brunnen ist ungut." Aber diese Feststellung, die für ein orthodoxes Ohr lediglich wie ein handgreiflicher Unsinn geklungen hätte, durch Vernunftargumente zu stützen, wäre ganz unmöglich gewesen, da die dafür nötigen Wörter fehlten. [...] Es war vorauszusehen, dass im Laufe der Zeit die Besonderheiten der Neusprache immer mehr hervortreten würden – es würde immer weniger Wörter geben und deren Bedeutung immer starrer werden. Auch würde die Möglichkeit, sie zu unlauteren Zwecken zu gebrauchen, ständig geringer werden. [...]

George Orwell: Neunzehnhundertvierundachtzig. Übersetzt von Kurt Wagenseil. Ullstein Verlag, Frankfurt a. M./Berlin/Wien 1976, S. 274 – 280

## Grammatikalische Grundbegriffe geschlechtergerechter Sprache

*Die Figuren in „Homo Empathicus“ bedienen sich einer anderen Sprache, als wir sie aus unserem Alltag kennen. Unter anderem fällt dabei der Umgang mit den Geschlechterbezeichnungen ins Auge, und genau diese Frage, ob man Sprache geschlechtergerechter gestalten sollte, um damit auch ein anderes Bewusstsein zu dokumentieren, ist mittlerweile in allen gesellschaftlichen Bereichen angekommen. Man kann wohl zu Recht behaupten, dass es hierzu aktuell noch keine Einigkeit gibt. Insbesondere entbrennt die Diskussion an der Frage, wie man die Berücksichtigung verschiedener Geschlechter sprachlich umsetzen sollte. Neben den Varianten, die entsprechend den Empfehlungen des Rats für deutsche Rechtschreibung angewandt werden, gibt es weitere zur Diskussion stehende Überlegungen, Sprache geschlechtergerechter zu gestalten. Die folgenden Tabellen fassen einige grammatikalische Begriffe und Schreibweisen, die beim „Gendern“ eine Rolle spielen können, zusammen. Die Übersichten haben keinen Anspruch auf Vollständigkeit. Sie beziehen sich im Wesentlichen auf die grammatikalischen Begriffe und Varianten, die dabei helfen können, sich mit der in „Homo Empathicus“ verwendeten Sprache auseinanderzusetzen.*

## Allgemeine grammatikalische Begriffe

| Begriff | Erklärung | Beispiel |
|---|---|---|
| **Genus** | In der deutschen Sprache gibt es für die Substantive (Nomen) drei grammatische Geschlechterzuordnungen, die durch den bestimmten Artikel gekennzeichnet werden. Es gibt das Femininum, das Maskulinum und das Neutrum. Es gibt einige Suffixe (Endungen), die das Genus des Substantivs bestimmen. So verlangen zum Beispiel die Suffixe *-in*, *-ung*, *-heit* und *-keit* das Femininum, die Suffixe *-ant*, *-iker*, *-ismus* und *-ling* das Maskulinum und die Suffixe *-chen*, *-lein*, *-tum* und *-nis* das Neutrum. | *Femininum: die Frau, die Kanne, die Blume, die Bildung, die Verschwiegenheit*<br>*Maskulinum: der Mann, der Hof, der Mond, der Spekulant, der Lehrling*<br>*Neutrum: das Kind, das Haus, das Wetter, das Verhängnis, das Männchen* |
| **Sexus** | Der Begriff meint die differenzierte Ausprägung eines Lebewesens im Hinblick auf seine Aufgabe bei der Fortpflanzung (binäres biologisches Geschlecht von Lebewesen).<br>Bei einigen Substantiven (Nomen) stimmen das grammatikalische und das biologische Geschlecht überein. Es gibt aber keine feste Regelung, nach der bestimmten Arten von Substantiven bestimmte Genera zugeordnet werden (Genus ≠ Sexus). | *der Junge, der Kater, die Kuh*<br>*das Mädchen, der Stein, die Motorhaube* |

| Begriff | Erklärung | Beispiel |
|---|---|---|
| **Movierung** | In der Sprachwissenschaft bezeichnet der Begriff die Ableitung neuer Wörter aus bestehenden zur konkreten Angabe des Geschlechts. Um das weibliche Geschlecht sichtbar zu machen, wird die Endung *-in* verwendet. Zur Kennzeichnung des männlichen Geschlechts verwendet man meist die Endung *-r*. | *der Müller – die Müllerin*<br>*die Witwe – der Witwer* |

**Variante der geschlechtergerechten Sprache nach aktueller amtlicher Regelung aus dem Jahr 2023**

| Begriff | Erklärung | Beispiel |
|---|---|---|
| **Doppel-nennung** | Um kenntlich zu machen, dass sowohl Männer als auch Frauen gemeint sind, werden beide Formen ausgeschrieben. Dies kann auch durch einen Schrägstrich in verkürzter Form geschehen. Bei dieser Art des Genderns werden nicht-binäre Personen, die sich weder dem männlichen noch dem weiblichen Geschlecht zuordnen, nicht berücksichtigt. | *Mitarbeiterinnen und Mitarbeiter*<br>*Mitarbeiterinnen/Mitarbeiter*<br>*Mitarbeiter/-innen* |

| Begriff | Erklärung | Beispiel |
|---|---|---|
| **Generisches Maskulinum** | Mit dieser Bezeichnung ist gemeint, dass man maskuline Substantive (Nomen) und Pronomen geschlechtsneutral verwendet. Hierbei werden Substantive mit maskulinem Genus generisch (verallgemeinernd) für alle Personen verwendet. Insbesondere im Plural sind die weiblichen und nicht-binären Personen mitgemeint, obwohl das Genus im Singular männlich ist. | *Die Touristen besichtigen die Burg.*<br>*Alle Schüler gehen in den Deutschunterricht.*<br>*Jeder, der nicht geht, bekommt Ärger.* |

**Zur Diskussion stehende Überlegungen zur geschlechtergerechteren Sprache**

| Begriff | Erklärung | Beispiel |
|---|---|---|
| **Generisches Femininum** | Es gibt ebenso ein generisches Femininum. Hierbei sind dann alle männlichen und nicht-binären Personen mitgedacht. Das generische Femininum kommt unter anderem aufgrund der historisch entstandenen männlichen Berufsbezeichnungen seltener vor. | *Die Person war ein Mann.*<br>*Die Nation freut sich über die Rückkehr der Mannschaft.* |

| Begriff | Erklärung | Beispiel |
| --- | --- | --- |
| **Generisches Neutrum** | Hierbei sollen keinerlei Personengruppen sprachlich benachteiligt werden. Das generische Neutrum als Konzept zur geschlechtersensiblen Sprache fordert den Wegfall der Endung *-in* für weibliche Personenbezeichnungen und die konsequente Verwendung des generischen Neutrums. Im Plural gilt weiter die Verwendung des weiblichen Artikels, dort ändert sich also nichts. | *Das Kollege hilft mir.*<br><br>*Ich kenne dieses Mensch.*<br><br>*Das männliche Schüler lernt viel.* |
| **Genderstern(chen), Binnen-I, Gender-Gap, Gender-Doppelpunkt** | Beim Gendersternchen wird bei der Doppelnennung zwischen die beiden Formen ein Stern gesetzt, um auch nicht-binäre Personen sichtbar zu machen. Auch gibt es die Varianten, die die Genera durch ein großgeschriebenes I oder mithilfe von Satzzeichen deutlich machen (z. B. Gender-Gap oder Gender-Doppelpunkt). In der gesprochenen Sprache wird an der Stelle des Gendersternchens eine Pause, der sogenannte Glottisschlag, gemacht. Dies soll den Unterschied zur movierten weiblichen Form verdeutlichen. Darüber hinaus müssen auch Artikel und Pronomen angepasst werden. In welchem Ausmaß diese Anpassungen aller Artikel und Pronomen geschieht, wird in der Praxis aber sehr unterschiedlich gehandhabt. | *Künstler*innen*<br>*Schüler*innen*<br><br>*KünstlerInnen*<br>*SchülerInnen*<br><br>*Künstler_innen*<br>*Schüler_innen*<br><br>*Künstler:innen*<br>*Schüler:innen* |

| Begriff | Erklärung | Beispiel |
|---|---|---|
| **Substantivierungen der Partizipien I + II und ausgewählter Adjektive** | Im Deutschen gibt es drei infinite (nicht konjugierte) Verbformen. Diese verändern im Satzzusammenhang ihre Form nicht, wenn sie als Teile des Prädikats verwendet werden. Sie können aber auch als Adjektive und Substantive (Nomen) verwendet werden. Man bildet das Partizip I durch die Endung *-end*. Das Partizip II bildet man häufig mit der Vorsilbe *ge-* und den Endungen *-t* oder *-en*. Adjektive, die man als Substantive verwendet, werden großgeschrieben.<br>Diese substantivierten Formen werden auch zum Gendern verwendet, da sie im Plural geschlechtsneutral wirken und sich im Singular an das binäre Sexus anpassen. | *Die Malenden betrachten das Meer.*<br><br>*Der Malende betrachtet das Meer.*<br>*Die Malende betrachtet das Meer.*<br><br>*Die Gewählten treten ihr Amt an.*<br><br>*Den Klugen gehört die Welt.* |
| **Geschlechtsneutrale Ausdrücke** | Es gibt im Deutschen eine Reihe von Begriffen, die keinen direkten Rückschluss auf das Geschlecht zulassen bzw. die sich nicht an Individuen wenden. Hierzu gehören alle Wortzusammensetzungen, die auf *-kraft*, *-person*, *-leute* und *-hilfe* enden. Mit der Verwendung dieser Begriffe umgeht man die Frage, auf welche Weise man das Gendern umsetzen möchte. Allerdings gibt es diese neutralen Bezeichnungen nur in begrenzter Anzahl. | *Mensch*<br>*Person*<br>*Gast*<br>*Lehrkraft*<br>*Fachleute*<br>*Aushilfe* |

## Frank Hertweck: Binnen-I und Sternchen auch in der Literatur?

*Egal, ob Drama, Epik oder Lyrik, bei allen literarischen Gattungen kommen Autorinnen und Autoren der heutigen Zeit nicht darum herum, sich mit der Frage auseinanderzusetzen, ob oder in welchem Maße ihre Werke gendergerechte Sprache enthalten sollen. Der folgende Artikel kommentiert eine von der Wochenzeitung „Die Zeit" durchgeführte Befragung von Autorinnen und Autoren zu genau diesem Thema.*

„Schriftsteller", „Schriftsteller und Schriftstellerinnen", „SchriftstellerInnen", Schriftsteller_innen, Schriftsteller*innen: Dies alles meint das gleiche, könnte man meinen. Nämlich alle Menschen, männlich oder weiblich, die beruflich schreiben. Warum gibt es dann aber diese verschiedenen Ausdrücke? Nun, es sind keine Synonyme, keine poetischen Verfahren für die nämliche Bedeutung, sondern sie repräsentieren eine Haltung zu einem gesellschaftlichen Problem.

[…] Wer „Schriftsteller" sagt und Frauen meint, unterstellt, dass das grammatische – also generische Maskulinum – mit dem geschlechtlichen nichts zu tun habe. Wer eine der anderen Varianten wählt, stellt genau das infrage. Dass die Sprache in irgendeiner Form unsere Gesellschaft widerspiegelt, ist offensichtlich. Darum ist es mit Scheuklappen argumentiert, das eine habe nichts mit dem anderen zu tun. Aber umgekehrt folgt aus dieser Abhängigkeit nicht, Frauen könnten sich beim generischen Maskulinum nicht mitgemeint fühlen, auch wenn es historisch patriarchalischen[1] Verhältnissen entspringen sollte. Genese[2] ist nicht gleich Geltung. Und die Geltung, das ist das Entscheidende, ist nicht mehr selbstverständlich. „Ich bin nicht gemeint", dieser Ruf wird immer lauter.

Schon die heute einigermaßen selbstverständliche Dopplung, Schriftsteller und Schriftstellerinnen, war das Trojanische

---

1 patriarchalisch: hauptsächlich von Männern, insbesondere von Vätern geprägt

2 Genese: Entstehung

Pferd[1], mit dem die Gerechtigkeitsfrage in die Sprachfestung eingedrungen war, die jetzt mit den letzten Truppen noch verteidigt werden soll. Und darum ist die Position der Schriftsteller sehr spannend, wie sie am 7. Juni in der ZEIT abgedruckt waren.[2] Junge Autoren wie Sascha Marianna Salzmann scheinen keine Schwierigkeiten mit dem Gendern zu haben, die meisten aber schon. Eva Menasse meint, sie wolle weiterhin noch „ungerecht, subjektiv, stur, nach ihrer Façon schreiben." Aber das tut sie gerade nicht, weil Sprache immer mehr ist als das individuelle Sprechen, als eine Privatsprache. […]

Die Sprache verändert sich nicht einfach nur so, naturwüchsig, sondern eben auch durch individuelle Schreibweisen, durch Goethe, Schiller, aber – horribile dictu[3] – auch durch bürokratische Maßnahmen. Wie genau, das ist offen. Seltsamerweise geben sich die meisten der beteiligten Autoren – Vorsicht! sieben sind Autorinnen – wie die Hüter, Hüterinnen (?) der Sprache. Die einstige Sprachavantgarde[4] Literatur zeigt sich kulturkonservativ. Der sprachliche Veränderungswille ist in die Bürokratie abgewandert. Aber solange gendersprechen nicht verbindlich ist, ist es eine Variante mehr, die benutzt werden kann – oder auch nicht.

Die Literatur ist frei, es gab die großen Kleinschreiber gegen alle Regel, die Gebrüder Grimm, Stefan George, Hans Magnus Enzensberger, es gab den freiesten aller freien, Arno Schmidt, der jenseits der Orthografie mündlich schrieb, was man aber nur lesend wahrnehmen konnte. Eine irgendwie fast schon vergangene avantgardistische Radikalität. Gender gab es in seinen Texten genug. Aber noch mehr Individuen. Wenn man ehrlich ist, ist das letzte Argument, das gegen die Genderisie-

1 Trojanisches Pferd: hier: Symbol für ein listiges Vorgehen

2 Wie halten Sie es mit dem Gender?, 07.06.2018, abrufbar unter: www.zeit.de/2018/24/gendergerechte-sprache-durs-gruenbein-eva-menasse-clemens-j-setz?utm_referrer=https%3A%2F%2Fwww.google.com%2F (Abruf: 09.10.2023)

3 horribile dictu: schrecklich zu sagen

4 Sprachavantgarde: Vorkämpfer für eine (neue) literarische Sprache, die von der bisherigen abweicht

rung spricht, ein ästhetisches, das – jenseits des einfachen Weiterso – gar nicht so leicht zu definieren ist. Aber nur der Kulturkonservative Martin Mosebach ist dabei ganz ehrlich: Wir sprechen von Moral gegen Ästhetik. Und man kann sich sehr wohl für die Schönheit entscheiden. Mosebach: „Schönheit ist ungerecht – wer hätte dies nicht schon leidvoll erfahren“.

Frank Hertweck: Binnen-I und Sternchen auch in der Literatur?, veröffentlicht am 07.06.2018 auf swr.de, Stuttgart, www.swr.de/swr2/leben-und-gesellschaft/article-swr-11990.html (Abruf: 20.12.2023)

# 3. „Homo Empathicus“ auf der Bühne

*„Homo Empathicus“ wurde am 3. Oktober 2014 am Deutschen Theater in Göttingen uraufgeführt. Es folgten weitere Inszenierungen, zum Beispiel 2016 von der Theatergruppe Lila in Ansbach und 2018 am Deutschen Nationaltheater in Weimar. Im Folgenden finden Sie zunächst Szenenfotos und zwei Rezensionen zur Uraufführung. Abschließend geht es in einem Sachtext um den Stellenwert des modernen Theaters.*

## Szenenbilder aus der Göttinger Uraufführung aus dem Jahr 2014

*„Ein Theaterstück ist uninszeniert kein fertiges Kunstwerk.“*[1]

Rebekka Kricheldorf

[1] Quelle: YouTube, Literaturforum im Brecht-Haus, 05.02.2021, Rebekka Kricheldorf: Komik als Waffe, www.youtube.com/watch?v=WOpPnVuyx9o&t=65s (Abruf: 21.02.2024)

## Jan Fischer: Fegefeuer der Euphemismen[1] (Rezension)

[…] Göttingen, 3. Oktober 2014. Die Göttinger Innenstadt ist plakatiert: „Neu“ steht da, nur dieses eine Wort, in leicht runder, angeschrägter Schrift, die wie dahingepinselt wirkt, darunter, etwas kleiner, das Logo des Deutschen Theaters Göttingen.

Der neue Intendant Erich Sidler[2] möchte, so viel ist klar, das Deutsche Theater Göttingen verjüngen. Frischer gestalten, spielerischer. Er möchte dem Theater ein Gesicht geben, das der Schauspieler, beispielsweise. Vor dem alten Gebäude hängen sie, übergroß auf Plakate gezogene Gesichter mit Namen darunter, angeleuchtet.

**Einstand, Messlatte, Statement**

In diesem Kontext ist „Homo Empathicus“, Sidlers Einstand als Intendant und Regisseur, selbstverständlich mehr als nur ein Stück: Es ist eine Messlatte, ein programmatisches Statement. Autorin Rebekka Kricheldorf hat es dem kollektiven Körper auf den Leib geschneidert – Sidler lässt das gesamte Göttinger Ensemble auftreten.

„Homo Empathicus“ ist die vierte Uraufführungs-Zusammenarbeit von Autorin und Regisseur. Sie zeigt eine perfekte Welt in knalligem Grün. Eine grüne Wand steht auf der Bühne, mit einer Tür, in die ein Herz geschnitzt ist, eine grüne Fläche davor, auf der grünen Fläche ein grüner Sitzsack. Dort tummeln sie sich, die neuen Menschen: Sie trinken nur das Wasser aus den Wasserspendern rechts und links auf der Bühne, sie sprechen nur geschlechtsneutral, sagen Dinge wie „Das ist aber ein

---

1 Euphemismen: beschönigende Umschreibungen

2 Erich Sidler (geb. 1965) ist ein Schweizer Theaterregisseur und Intendant. Seit 2012 arbeitet er als freier Regisseur, seit der Spielzeit 2014/2015 ist er Intendant am Deutschen Theater Göttingen. Bekannt ist er unter anderem für die Ur- und Erstaufführungen zeitgenössischer Dramatik auf Bühnen.

nettes und offenherziges Mensch“ und „Es gibt hier keine Gewinner und Verlierer. Wir haben alle gewonnen, und zwar Selbsterkenntnis“.
Sie tragen weiße, sackartige Dinge, finden: „Geschlecht ist Privatsache“, haben grundsätzlich Verständnis für die Position der anderen. Es gibt keine Konflikte, keinen Ärger – wer negative Worte wie „hässlich“ benutzt, dem wird über den Mund gefahren. Die utopische Gesellschaft ist zu einer Parodie politischer Korrektheit geronnen, die Menschlichkeit hat sich abgeschliffen im Fegefeuer konfliktfreier Euphemismen.

**Die knallgrüne Welt**
Das Ensemble – 26 Schauspieler insgesamt – tigert durch die knallgrüne neue Welt und zeigt ein Abbild dieser dystopischen Utopie, einmal quer durch die Gesellschaftsschichten, von Studenten über Klomänner („Hygienebeauftragter“), von Müttern und Essensverkäufern („Ernährungsfachmann“), diese arbeiten sich in locker aneinandergesetzten Szenen und Dialogen an dieser Gesellschaft ab. Allen voran Florian Eppinger als Professor, der für die Untersuchung kleiner Freuden zuständig ist, fröhlich seine Studenten mit Lachübungen indoktriniert[1] und die Abtrünnige Dr. Osho als Therapeutin wieder auf Linie bringt. Oder Felicitas Madl, die als Raja über die Bühne tanzt, akrobatisch an sich selbst und der Gesellschaft orgasmierend[2].
Hin und wieder kommt einer vorbei, der sich Schauspieler nennt, und kündigt an, um 18 Uhr gebe es ein Schauspiel.
Kricheldorf skizziert eine Gesellschaft, in der politische Korrektheit ins sprachliche Extrem getrieben ist. Dass das nicht langweilig wird, ist der Sprachspielfreude der Autorin zu verdanken, die mit ihrer Formulierung „ich freue mich, dass das Mensch nun kleineren Lebewesen als Nahrung dient“ selbst den Tod euphemisiert und die den Witz dahinter in immer neue Höhen treibt. Der Text – und das Spiel – funktionieren

---

1 indoktrinieren: jemanden ideologisch, politisch beeinflussen, in eine bestimmte Richtung drängen
2 orgasmierend: Wortneuschöpfung: zum Orgasmus kommend

ganz wunderbar als überaffirmative[1] Parodie auf jene, die mithilfe der Sprache als Sprachmacht die Gesellschaft verbessern wollen.

**Programmatische Deutung**

Erst in den letzten zehn, fünfzehn Minuten deutet Sidler das Stück für sich programmatisch um: Adam und Eva, zwei Menschen wie du und ich, saufend, rauchend, voller bekloppter Liebesprobleme steckend, sie in rotem Kleid und High Heels, er in Anzug, fallen in das Paradies ein und verwirren die Einwohner. Wie kann einer Gift in sich kippen? Wie kann er seine Männlichkeit betonen? Warum hat er Bilder von Geschlechtsteilen in einer Zeitschrift bei sich? Wieso beißt er ständig in ein totes Tier? Wieso trägt eine Frau diese enge Kleidung? Die utopische Gesellschaft kommt zu dem Schluss, dass die beiden „Wilden“ unerwünscht sind, und gerade als sie getötet werden sollen, tritt der Schauspieler vor und fragt, ob denn allen das Schauspiel gefallen habe. Großes Aufatmen: doch keine Wilden, sondern Schauspieler. Kunst, so sagt eine der Einwohnerinnen, sei dafür da, das Schlechte zu zeigen, damit man darüber nachdenken und das Gute umso gestärkter genießen könne.

Damit hat Sidler sein Programm für Göttingen formuliert: Ein staatlich sanktionierter Störer soll das Deutsche Theater unter seiner Intendanz sein, ein Ort, der vielleicht die Gesellschaft nicht verändert, aber dann doch Unangenehmes in diesem Schutzraum Theater zu den Menschen trägt, um sie zu stören und zum Nachdenken zu bringen.

**Homo Empathicus**

von Rebekka Kricheldorf

Uraufführung

Regie: Erich Sidler, Bühne und Kostüme: Gregor Müller, Musik: Philip Zoubek, Choreografie: Valenti Rocamora i Torà, Video:

[1] affirmativ: bejahend, bestätigend

Philipp Ludwig Stangl, Dramaturgie: Philip Hagmann, Mathias Heid.
Mit: Rebecca Klingenberg, Paul Wenning, Ronny Thalmeyer, Elisabeth Hoppe, Karl Miller, Benjamin Krüger, Lutz Gebhardt, Emre Aksizuğlu, Rahel Weiss, Benjamin Kempf, Vanessa Czapla, Moritz Schulze, Benedikt Kauff, Bardo Böhlefeld, Florian Eppinger, Marie Seiser, Gaby Dey, Andreas Jeßing, Nikolaus Kühn, Gabriel von Berlepsch, Frederik Schmid, Andrea Strube, Katharine Uhland, Angelika Fornell, Felicitas Madl.
Dauer: 1 Stunde 40 Minuten, keine Pause […]

Jan Fischer, Nachtkritik.de, Berlin; https://nachtkritik.de/index.php?option=com_content&view=article&id=10071&catid=38 (Abruf: 06.10.2023)

## Rashid Ben Dhiab: Menschgemachtes Eden (Rezension)

Dass in dem Ideal einer Gesellschaft gleicher und glücklicher Menschen zumeist die Realität einer Gemeinschaft gleichgeschalteter und unerfüllter Individuen steckt, zeigt die neue Inszenierung „Homo Empathicus“, mit dem das DT[1] die neue Spielzeit einleitet.
Etwa seit Beginn des 20. Jahrhunderts wird in den Wirtschaftswissenschaften das Modell eines nutzenmaximierenden Menschen, des Homo oeconomicus, verwendet, mithilfe dessen menschliche Verhaltensweisen und die daraus resultierenden Gesellschaftsvorgänge beschrieben werden können. Die durch dieses Modell abgebildete Person handelt in ihrer Entscheidungsfindung rein rational und völlig losgelöst von Emotionen. Obwohl dabei gänzlich unterschiedliche Präferenzen[2] zugrunde gelegt werden können, wird der Homo oeconomicus meistens als der ideale Egoist betrachtet, dessen eigener Nutzen stets über dem aller Mitmenschen steht.
Schaut man sich die heutige Gesellschaft an, so scheint er allerdings nicht länger nur ein Modell, sondern bereits in der Realität angekommen zu sein und uns praktisch an jeder Ecke

[1] DT: Deutsches Theater in Göttingen
[2] Präferenz: Vorliebe, Priorität

über den Weg zu laufen. Eine Gemeinschaft aus Missgunst und Konkurrenzdenken. Man will sich in die Chefetage buckeln und die Mitbewerber in die Gosse treten. Mehr Geld haben, besser aussehen als andere, das richtige Geschlecht haben – menschlicher Wert wird an vielen Dingen gemessen. Was wäre jedoch, wenn man dem Menschen all diese Kriterien einfach wegnähme? Wie würde seine Gesellschaft dann aussehen?
Mit einem solchen „Was wäre, wenn ...?“ startet das Deutsche Theater in Göttingen unter der neuen Intendanz von Erich Sidler in die Spielsaison 2014/15 – mit der Uraufführung der Utopie „Homo Empathicus“.

**Empathisches[1] Utopia**

In dem Stück von Rebekka Kricheldorf leben die Figuren in einer idealen Welt. Wenn man nicht gerade arbeitet oder die Lehrbücher des hoch angesehenen Gesellschaftsreformators[2] Professor Möhringer studiert, widmet man sich der Dichtkunst, dem Tanz oder dem Schauspiel. Um seine Gesundheit muss man sich nicht selbst sorgen, denn in öffentlichen Bedürfnisanstalten werden die Ausscheidungen sogleich analysiert und bei der Essensausgabe wird freundlich darauf hingewiesen, wenn die Ernährung zu ungesund und einseitig ist, und stattdessen ein passenderes Gericht als das bestellte ausgeteilt. Wer eine innere Unausgeglichenheit verspürt, der besucht Doktor Osho, um sich seine Sorgen ganz einfach „wegsprechen“ zu lassen und sein Leben unbeschwert weiterführen zu können.
Inmitten dieser gut geölten Wohlfühlmaschinerie stehen die Figuren untereinander stets in einem Verhältnis tiefster Empathie. Niemand möchte durch sein Verhalten auch nur den Anschein erwecken, die Gefühle eines Mitmenschen verletzen zu wollen. Jede Aussage, die auch nur entfernt als boshaft ausge-

[1] empathisch: Bereitschaft und Fähigkeit, sich in die Einstellungen und Gefühle anderer Menschen einzufühlen und angemessen darauf zu reagieren

[2] Gesellschaftsreformator: aus dem kirchlichen Kontext stammend; hier: jemand, der die Erneuerung einer Gesellschaft federführend mitgestaltet

legt werden könnte, muss sofort präzisiert werden, um kein falsches Bild entstehen zu lassen. Jeder Mensch wird respektiert, jeder Berufsstand ist hoch angesehen, vom dozierenden Professor bis zum Hygienespezialisierten im öffentlichen WC. Die Welt des Homo Empathicus kennt kaum hierarchische Strukturen, was sich auch in ihrer Sprache niederschlägt.

**Cleansprech**

Was in Genderdebatten häufig als utopische Forderung geäußert wird, ist in „Homo Empathicus“ längst Wirklichkeit geworden: Das Geschlecht ist Privatsache und dank Unisexkleidung – einer Art Kimono[1] aus Putzlappen – wie Sprachwandel aus der gesellschaftlichen Wahrnehmung verschwunden. Statt Mann und Frau gibt es nur noch „das Mensch“. Die Ehe ist einer unverbindlichen „Verpartnerung“ gewichen, die jederzeit geschlossen und aufgelöst werden kann und sowohl verschieden- wie gleichgeschlechtlichen Paaren offensteht. Man ist auch weder alt noch jung, sondern ein „Länger-" oder „Kürzerlebendes“. Ebenso wird nicht gestorben, sondern der Dienst als Nahrung kleinerer Lebensformen angetreten.
Die bereinigte, stets Angemessenheit suggerierende[2] Sprache hat allerdings ihre Tücken, wenn beispielsweise das Studierende Chris im Gespräch mit Doktor Osho ausdrücken will, dass es sich als hässlich empfindet, was es zunächst nur als „uninteressant“ bezeichnen kann. Die aus der Sprachhygiene entstehenden Dialoge regen mehr als einmal nicht nur zum Schmunzeln, sondern zum lauten Loslachen an, wenn etwa jemand dafür gescholten wird, „Scheiße“ für einen verärgerten Ausruf zu missbrauchen und so die wertvolle Bedeutung des Stuhls für die Gesundheit zu schmälern. Sprache wird, analog zum Neusprech in George Orwells 1984, zu einem Instrument umfunktioniert, das nicht nur der Kommunikation, sondern auch

---

1 Kimono: ein traditionelles japanisches, tunikaartiges Kleidungsstück

2 suggerierend: vortäuschend; einen bestimmten, den Tatsachen nicht entsprechenden Eindruck entstehen lassend

und vor allem der Kontrolle einer Gesellschaft dient. Unerwünschtes Gedankengut wird aus der Sprache und somit dem Denken der Allgemeinheit entfernt. Ein solcher Vorfall zeigt aber auch, dass sich unter der scheinbar makellos sauberen Oberfläche der Gesellschaft etwas Bahn brechen möchte.

**Der faule Kern**

Von Beginn an beschleicht den Zuschauer die Ahnung, dass an der Idylle des Gezeigten etwas nicht stimmt. Das gesamte Stück findet auf einer in Szene gesetzten Wiese statt, im Hintergrund stets das Hygienespezialisierte Tony vor seiner öffentlichen Bedürfnisanstalt. Das Bühnenbild ist spartanisch[1], zieht den Zuschauer so jedoch perfekt in die aufgeräumte Sterilität der Welt hinein. Studierende liegen mit Büchern im Gras, ein Sportives tanzt mehrmals fröhlich-lustvoll jauchzend vorbei. Einen Protagonisten gibt es nicht. Die Akteure wechseln mehrmals, stammen aus allen Berufszweigen und sind gleichzeitig vereint in ihrer gegenseitigen, bedingungslosen Fürsorge und ihrem tiefen Respekt. Und doch wirkt etwas daran immer falsch, immer künstlich und einstudiert. Das Studierende Chris verkörpert den ersten Riss in der Fassade und enthüllt die dahinter schwelenden Sehnsüchte, die nur allzu menschlich sind.

Eine Illusion kann noch so schön und perfekt gestaltet sein – am Ende bleibt sie nur ein Scheinbild. Und wenn das hässliche Ding, das sie verdecken sollte, hervorbrechen will, wird sie ihm nicht lange standhalten können. An Chris, der sich ungeliebt und hässlich fühlt, zeigt sich, dass die Welt in „Homo Empathicus“ nicht auf grenzenloser Empathie basiert, sondern auf schlichter Verdrängung und Unterdrückung der eigenen Persönlichkeit zugunsten eines höheren Ziels.

Doch der große Knall bleibt aus. Zwar werden sukzessive[2] weitere Probleme und gut gehütete Sehnsüchte sichtbar, doch spätestens im letzten Drittel der etwa einhundert Minuten

[1] spartanisch: hier: karg, anspruchslos
[2] sukzessive: nacheinander

Spielzeit ist die Gesellschaft wieder vereint. Wie zu einem einzigen Leib verschmolzen, kriecht sie über die Wiese und wiederholt ekstatisch[1] Professor Möhringers Lehren. Die Konflikte werden wieder eingemauert, die Fassade wird neu verspachtelt, und der Zuschauer bleibt nach einem etwas abrupten Ende mit der Frage zurück, ob eine solche Gesellschaft lange überdauern kann.

**Trauriger Frieden**

Überdauern dürften jedoch auf jeden Fall die Gedanken und Erinnerungen, die der Zuschauer aus dem Stück mitnimmt. Dies liegt nicht zuletzt an den durchgehend engagierten und teils brillanten Leistungen der Besetzung, die das gesamte Ensemble des Deutschen Theaters umfasst. Besonders hervorstechend ist der Auftritt des Supervisors[2] Meister Moo, verkörpert durch Gabriel von Berlepsch, dessen autoritärer Stil sich in jeder seiner präzisen Bewegungen widerspiegelt und der sich aus der fast schon lächerlichen Harmlosigkeit der restlichen Bürger emporhebt. Auch Emre Aksizoğlu und Rahel Weiss überzeugen als „die Wilden" Adam und Eva, die die Mitmenschen durch ihre Gewaltbereitschaft, Sexualität und ihr kapitalistisches Denken erschüttern.

„Homo Empathicus" steckt voller Humor und Witz, die jedoch immer wieder von Düsternis und Nachdenklichkeit durchbrochen werden. Und ebenso steckt der Zuschauer in einer Schraubzwinge aus Lachen und Beklemmung und muss nach seiner Befreiung erkennen, was für ein trauriger Ort eine gänzlich befriedete Welt sein kann. Das Stück steht damit ganz in der Tradition dystopischer Erzählungen, wie sie 1920 mit Jewgenij Samjatins „Wir" begannen und später von Aldous Huxleys „Brave New World" und George Orwells „1984" fortgeführt wurden. Hier wie dort wird ein Blick unter die Maske der Utopie gewährt und die unterdrückerische Macht dahinter enttarnt.

---

1 ekstatisch: rauschhaft, schwärmerisch; außer sich; in Ekstase
2 Supervisor: hier: psychologisch ausgebildete Person, die im Bereich des beruflichen Handelns berät

„Homo Empathicus" zeigt die zeitlose Aktualität dieser Thematik in einer gelungenen und unterhaltsamen Variation.

Rashid Ben Dhiab, Litlog – Göttinger eMagazin für Literatur – Kultur – Wissenschaft, 04.11.2014, Göttingen; http://litlog.uni-goettingen.de/menschgemacht-eseden/ (Abruf: 20.12.2023)

## Friederike Emmerling, Oliver Franke, Stefanie von Lieven, Barbara Neu, Bettina Walther: Zeitgenössisches Theater. Eine Quote für neue Dramatik!

*In dem folgenden Text behandeln die Autorinnen und Autoren die Frage, wie es um das Theater im Jahr 2019 steht. Neben einer Bestandsaufnahme aktueller Tendenzen werfen die Autorinnen und Autoren auch einen Blick in die Zukunft und fordern mehr zeitgenössische Dramatik auf den großen Bühnen.*

Das Drama bebt und erschüttert immer wieder das Verhältnis von Autor und Regie. Und nicht nur das. Auch die Gräben zwischen Postdramatik[1] und „Well-made Play"[2] sind tief. Textflächen werden gegen das Dialogische ins Feld geführt. Intellekt gegen Emotion, Diskurs[3] gegen Erzählung. Innerhalb der Dramatik geht es absurderweise immer wieder um Abgrenzung. Dabei schöpft gerade die Dramatik ihren Reichtum aus der Vielfalt der Formen. Während in der F.A.Z.-Serie „Spielplan-Änderung" der Blick auf vergessene Theaterstücke gelenkt wird, die wieder gespielt werden sollen, wird zeitgenössische Dramatik kaum noch gelesen.
Dabei passen Umfang und Form eigentlich perfekt in unsere Hocheffizienzgesellschaft. Theaterstücke erinnern in ihrer Ge-

---

1 Postdramatik: eine seit den 1980er-Jahren neue Form des Theaters, die auch andere mediale, künstlerische und darstellende Genres und Techniken integriert und sich somit vom traditionellen Sprechtheater (Schauspiel) abgrenzt

2 Well-made Play (auch: Pièce bien faite/Gut gemachtes Stück): Dramengenre aus dem 19. Jahrhundert; solche Dramen beginnen mit einer komplexen Intrige und enden jedoch mit einem Happy End. Dabei sind sie formelhaft verfasst und legen wenig Gewicht auf Charakterisierung und intellektuelle Tiefe.

3 Diskurs: hier: wissenschaftliche Diskussion

schlossenheit an Kurzgeschichten, in ihrer Komplexität an Romane, in ihrer Sprache an Lyrik und in ihrer politischen Dichte an Essays. Das Drama ist nicht weniger als ein literarisches Gesamtkunstkonzentrat. Und trotzdem ist es immer seltener in einer Buchhandlung zu finden. Weil kaum noch jemand Dramatik liest und kaum noch ein Verlag sie druckt. Das Drama lebt aber trotzdem – jenseits der Bücher. Und zwar als fleischgewordene Sprache im Theater. Dramatik und Theater sind nicht voneinander zu trennen. Das Drama wird ausschließlich für das Theater geschrieben. Dramatik ist nicht linear, sie lässt die Sprache mit dem Körper kollidieren. Sie braucht den Widerstand und denkt ihn mit. Sie kann im Entstehen nur ahnen und niemals wissen, was passiert, wenn ihr Text auf Körper trifft.

**Ist zeitgenössische Dramatik zu komplexeren Erzählungen nicht in der Lage?**

Die Digitalisierung nimmt gerade Dimensionen an, die unsere Vorstellungskraft schneller übertreffen, als wir der Wirklichkeit folgen können. Das Lesen von Büchern nimmt ab, das Hören und Sehen bewegter Bilder zu. Austausch findet primär über glatte Displays statt. Die Sehnsucht nach physischer Gemeinschaft wächst. Auf einmal hat die Dramatik ihren Schwestergattungen eindeutig etwas voraus: Sie wird geschrieben, um gesprochen, gehört und gesehen zu werden. Sie hat schon immer – wie die Religion und der Sport – das gemeinschaftliche Erleben zum Kern ihrer Identität gemacht. Die Sehnsucht nach Echtheit wächst mit dem Fortschreiten digitaler Kunstwelten. Trotzdem hat die zeitgenössische Dramatik derzeit keinen leichten Stand. Selbst an den Theatern nicht. Das klassische Drama wird als altmodisch wahrgenommen [...]. Stadtteilprojekte, Recherchen, Bürgerbühnen und offene Formate reagieren schneller und politischer. Die Regie schreibt immer öfter selbst den Text. Das Vertrauen in das Miteinander von Regie und Dramatik schwindet.

Dabei gibt es beim Publikum eine große Sehnsucht nach Erzählungen. Nach tragischen Konflikten. Nach Gesprächskatalysatoren[1]. Doch absurderweise wird danach nicht primär in der Dramatik gesucht, sondern im Roman. Ist zeitgenössische Dramatik zu komplexeren Erzählungen nicht in der Lage? Es wirkt fast so, wenn man die Spielpläne der Theater betrachtet. Dabei ist das ein Missverständnis. Weil die neue Dramatik natürlich in der Lage ist, große Erzählbögen zu schlagen. Sie wurde aber schon sehr lange nicht mehr dazu aufgefordert. Fast jede Uraufführung der letzten zehn Jahre fand auf kleinstmöglichen Bühnen statt. […] Das Label Uraufführung schien irgendwann wichtiger als die Qualität. Aus neu wurde alt, sobald es in der Ankündigung stand. Die Folge war enthemmte Überproduktion. Die Theaterlandschaft wurde mit Theaterstücken überschwemmt, die beliebig wurden. Daran waren auch die Theaterverlage nicht unschuldig. Die Nachfrage bestimmte den Markt. Es regnete Auftragsarbeiten. Mittendrin entstanden große Texte, viel zu oft überflutet von einer mächtigen Welle der Austauschbarkeit. Die breit angelegte Autorenförderung bedachte zu spät, dass erst das Nachspiel nachhaltig ist. Erst das wiederholte Nachspielen eines Stückes gibt den Autorinnen Zeit und Raum und finanzielle Sicherheit für das Schaffen neuer Werke. In den letzten Jahren zeigten einige Theater mit erfolgreichen Inszenierungen, wie groß die Durchschlagskraft von zeitgenössischer Dramatik im Nachspiel sein kann. Auch die Theaterverlage sehen sich zunehmend aufgefordert, auf das Nachspiel bereits existierender Stücke zu dringen, bevor die nächste Auftragsarbeit verabredet wird. Der Fokus muss weg von klein und fein. Für die großen Bühnen muss geschrieben werden. […]

Neue Dramatik kostet, erschwert die Auslastung und kann in der Auseinandersetzung von Text, Autor und Theater mühsam sein. Viele Theater versuchen, Risiko und Mehrwert zu verbinden, indem sie die neue Dramatik auf kleinen Bühnen einem vorsichtigen Praxistest unterziehen. Aber die neue Dramatik

---

[1] Gesprächskatalysatoren: Aspekte oder Fragen, die ein Gespräch oder eine (gesellschaftliche) Diskussion voranbringen

steckt im Hamsterrad, wenn immer nur die Absicherung im Auge behalten wird. Sie wird abgegrenzt und in winzigen Boxen, Kammern, Kellern oder Speichern gezeigt. Kleine Schatzkammern neuer Dramatik. Tun nicht weh, wenn sie scheitern, und erfreuen in Maßen, wenn sie gelingen. Zum Berliner Theatertreffen werden die zehn besten Inszenierungen des Jahres eingeladen. In seltenen Fällen befinden sich Inszenierungen von Frauen darunter. Noch seltener übrigens Inszenierungen zeitgenössischer Dramatik.

Für 2020 und 2021 wurde eine Frauenquote eingeführt. Das ist umstritten, aber sinnvoll. Prozesse verändern sich offenbar nur, wenn selbsterhaltender Handlungsbedarf besteht. Auch hinsichtlich der neuen Dramatik wäre es Zeit für eine Quote. Mindestens die Hälfte der Stücke auf großen Bühnen müsste zeitgenössisch sein. Damit würde Dramatik in Bewegung geraten. Wachsen. Nicht alles würde gelingen, aber der Weg wäre eingeschlagen. Neue Dramatik wurde in den letzten Jahren oftmals zu klein gedacht. Das muss sich ändern. Wer, wenn nicht die Theater, können einen professionellen Begleitschutz dafür bieten? Schon die jüngsten Dramatiker sollten ermutigt werden, das Große von Beginn an vor Augen zu haben. Wir brauchen sie so dringend, die Stücke, die Rollen für alle bieten, die gesellschaftliche Umbrüche mitdenken und sich in unsere Zeit einschreiben. Stücke, in denen es um Menschen und nicht um Geschlechter geht. In denen Sprache gesprochen wird, wie wir sie uns nicht hätten denken lassen, und die von vielen, vielen Menschen an vielen Theater gesehen werden kann. Der Weg zum breitenwirksamen Lesedrama mag noch so steinig sein. Wir gehen und diskutieren unbeirrt. Denn über allem schwebt das freudige Wissen, dass das Drama lebt.

Hrsg.: Friederike Emmerling, Oliver Franke, Stefanie von Lieven, Barbara Neu, Bettina Walther, Dramatische Rundschau 01, © 2019 S. Fischer Verlag GmbH

# 4. Das Utopische in der Literatur und im Alltag

*Auch wenn die Autorin selbst darüber sagt, dass es so utopisch gar nicht sei (vgl. S. 72 f.), so trägt das Theaterstück „Homo Empathicus“ doch deutliche Züge einer (negativen) Utopie. Damit steht es in einer langen Tradition literarischer Texte, die sich damit beschäftigen, wie die Gesellschaft in der Zukunft ihr Zusammenleben gestalten wird.*
*In diesem Kapitel wird erläutert, welche Bedeutung die Begriffe Utopie und Dystopie in der Literatur und Gesellschaft haben, wie das Genre der utopischen Literatur entstanden ist und sich über die Jahrhunderte entwickelt hat. Zudem erhalten Sie einen Einblick in eines der bekanntesten utopischen Werke – „Schöne neue Welt“ von Aldous Huxley (1894 – 1963). Darauf folgen zwei Texte, die sich mit zwei Seiten einer Medaille befassen, denn obwohl das utopische Zusammenleben der Menschen in der Gesellschaft des „Homo Empathicus“ von Achtsamkeit geprägt ist, gelten dort nicht alle Emotionen, die uns Menschen ausmachen, als akzeptabel. Der Text von Nadja Peterson beschäftigt sich also damit, was man unter Achtsamkeit versteht und wie diese auch in der Schule praktiziert werden könnte, während Anna-Kathrin Hentsch in ihrem Artikel einen kritischen Blick auf ein gesellschaftliches Phänomen wirft, welches unter dem Begriff der „Toxic Positivity“ geführt wird.*

## Alexander Kühn: Utopie – Die Faszination eines Nicht-Ortes

Im Alltag hat man bestimmt schon einmal die folgende Redewendung gehört: „Ach, das ist total utopisch!“ Man verwendet sie in Situationen, in denen etwas unerreichbar, wie aus einer anderen Welt erscheint. Diese alltägliche Redewendung ist aber auch für die Literatur- und Kulturwissenschaften interessant, da sich hinter der Utopie eine jahrhundertelange Tradition von Wunschvorstellungen der Menschen von Sehnsuchtsorten verbirgt.

**Thomas More und die Karriere des Begriffs „Utopie“**

Etymologisch[1] betrachtet hat der Begriff „Utopie“ seine Wurzeln im Altgriechischen: oú (gesprochen: ou) bedeutet „nicht“ und τόπος (gesprochen: tópos) ist ein Ort, eine Stelle; eine Utopie ist somit wortwörtlich übersetzt ein „Nicht-Ort“ oder auch ein „Noch-Nicht-Ort“.

Auch wenn der Begriff sprachlich an das antike Griechenland erinnert, so liegt der tatsächliche Ursprung des Wortes in England. Im frühen 16. Jahrhundert regierte in England Heinrich VIII. (1491 – 1547), der vielen heute aufgrund seiner sechs Ehen bekannt ist. Heinrich VIII. war einerseits ein humanistisch[2] gebildeter König, er sprach mehrere Sprachen, interessierte sich für die Astronomie und bereitete England den Weg für die Reformation. Andererseits war er auch ein machtbesessener despotischer Herrscher. Er ließ im Laufe seiner Herrschaft 70 000 Menschen umbringen, darunter zwei seiner Ehefrauen.

Bei seinen Entscheidungen ließ er sich unter anderem von Thomas More (auch: Thomas Morus), 1478 – 1535, beraten.
Thomas More war ein humanistischer Autor und Staatstheoretiker der Renaissance in England. Sein bekanntestes Werk erschien 1516 unter dem Titel: „De optimo statu rei publicae deque nova insula Utopia“[3]. Die Bewohner und Bewohnerinnen der fiktiven Insel „Utopia“ leben friedlich in Familienverbänden und monogamen[4] Beziehungen; man

[1] Etymologie: Die Etymologie befasst sich mit der sprachlichen Herkunft von Wörtern.

[2] humanistisch: aus der Antike stammende Denkrichtung (Bildungsideal), die auf das Streben nach Menschlichkeit abzielt

[3] „Von der besten Verfassung des Staates und von der neuen Insel Utopia“

[4] monogam: nur einen Partner/eine Partnerin habend

kann selbst über seine berufliche Laufbahn entscheiden; für alle Kinder besteht Schulpflicht und damit ein Zugang zu Bildung; es gibt kein Privateigentum, die gemeinschaftlich erzeugten Güter werden gemäß dem jeweiligen Bedarf verteilt, Wünsche werden dabei berücksichtigt; für jede kranke Person gibt es die optimale Krankenversorgung; es herrscht religiöse Toleranz; die Staatsform ist eine Republik. In all diesen Punkten – und die Liste ließe sich noch erweitern – stellt More ein Gegenmodell zu den gesellschaftlichen und politischen Strukturen seiner Zeit dar.
Die Idee, dass auf einer Insel eine ideale Gesellschaftsform lebt, ist dabei nicht neu. Die Idee geht zurück auf den antiken Mythos der Insel Atlantis, einer idealen Stadt, die jedoch innerhalb eines Tages untergegangen ist.
Thomas Mores Werk – später wurde der Titel oft auf „Utopia" verkürzt – erreichte in und außerhalb Englands große Bekanntheit. Im 16. und 17. Jahrhundert steht der Begriff „Utopie" immer häufiger für einen fiktiven Ort. Wichtig war dabei jedoch stets, dass die Fiktion möglichst realistisch und rational nachvollziehbar scheint. Thomas More hat seine Insel „Utopia" und das Leben dort so konkret beschrieben, als lebte dort eine real existierende Gesellschaft.
Spätestens seit Beginn des 20. Jahrhunderts wird in der Literaturwissenschaft der Utopiebegriff in seiner heutigen zentralen Bedeutung verwendet: „Als Utopie gelten fortan rationale Fiktionen menschlicher Gemeinwesen, die in kritischer Absicht den herrschenden Missständen gegenübergestellt sind."[1]
Fiktionale, also erdachte Welten, finden sich in der Literatur häufig. Auch Märchen und Fabeln, Gute-Nacht-Geschichten und Fantasyromane behandeln fiktive Orte und Geschehnisse. Das zentrale Element der Utopie ist jedoch die ausdifferenzierte Darstellung anderer Gesellschaften, die sich in ihrem Zusammenleben und Gemeinschaftsgefüge in der Regel stark

---

[1] Thomas Schölderle: Geschichte der Utopie. Böhlau Verlag, Wien/Köln/Weimar 2017, S. 17

von den jeweils aktuell vorherrschenden Gesellschaftsmodellen unterscheiden.

**Die Utopie in der Gesellschaft und im Alltag**

Seit den ersten Mondexpeditionen in den 1960er-Jahren fragen sich Menschen weltweit, wie die Lebensräume von Außerirdischen aussehen könnten und wie diese ihr Zusammenleben gestalten mögen. Auch die Frage, wie das Zusammenleben zwischen Außerirdischen und Menschen aussehen könnte, wird unter anderem in Filmen wie „Star Wars“ und Science-Fiction-Serien wie „Star Trek“ behandelt.

Überlegungen, wie in anderen Welten andere Gesellschaftsformen gestaltet sein könnten, gibt es aber schon seit vielen Jahrhunderten. Oft verraten die utopischen Überlegungen sehr viel über die Zustände oder Missstände der jeweiligen Zeit.

Pieter Brueghel der Ältere (1525 – 1569): „Schlaraffenland“ (1566)

Eines der bekanntesten Konzepte der Utopie ist das „Schlaraffenland“, ein Ort, an dem es alles im Überfluss gibt: Tiere fliegen oder laufen dem Menschen speisefertig entgegen, in den Flüssen fließen Milch und Honig statt Wasser, Pflanzen bestehen aus diversen Süßigkeiten und dergleichen mehr.

Diese bereits uralte Utopie hat Pieter Brueghel der Ältere 1566 in seinem Werk „Schlaraffenland“ festgehalten. Es zeigt wohlgenährte, gesättigte, vom Essen erschöpfte Personen[1], die in einer Welt leben, in der es die herrlichsten Speisen im Überfluss gibt. Diese verkehrte Welt hat bei Brueghel immer auch eine religiöse Konnotation. Sie stellt eine Welt ohne Gottvertrauen, eine sündhafte Welt dar. Im Schlaraffenland ist Faulheit eine Tugend, Fleiß ist eine Sünde. Interessant an dieser Darstellung ist zudem, dass Brueghel hier auch alle drei gesellschaftlichen Stände[2] zeigt und sie damit – bezüglich der Grundbedürfnisse – auf eine Stufe stellt.

Sowohl die Gleichheit der Stände als auch die unendlichen Nahrungsvorräte spiegeln das Gegenteil der damaligen Gesellschaftsordnung und Alltagserfahrungen der meisten Menschen des 16. Jahrhunderts wider.

Wer nun aber glaubt, dass das Konzept der Utopie nach über 500 Jahren an Aktualität eingebüßt hat, irrt: Viele Jugendliche und Heranwachsende beschäftigen sich mit Utopien in ihrer Freizeit, ohne sich dessen bewusst zu sein. Zahlreiche Videospiele enthalten utopische Elemente. In der bekannten Computerspielserie „Assassin’s Creed“ beispielsweise taucht man als Charakter in eine komplett andere Zeit und Gesellschaftsstruktur ein. Vieles dort wirkt aufgrund der intensiven Recherchen des Produktionsteams sehr realistisch und nachvollziehbar und doch ist die gesamte *open world* ein fiktiver Raum, ein Nicht-Ort, eine Utopie. Ähnlich verhält es sich mit den Simula-

---

1 Bei den gezeigten Personen handelt es sich um einen Ritter mit Lanze und Eisenhandschuh, einen Gelehrten mit Buch und Papier und einen Bauern mit einem bäuerlichen Holzwerkzeug zum Dreschen von Getreide.

2 Stände des Mittelalters: Geistliche, Adel, Bauern

tionsspielen wie der „Anno“- oder „Civilization“-Reihe. In beiden globalstrategischen Computerspielen geht es darum, eine eigene Gesellschaft aufzubauen und zu verwalten. Städtebauliche Aspekte sind dabei genauso relevant wie (Handels-)Kriege oder diplomatische Konsultationen[1], um die eigenen Einflussbereiche zu erweitern. Hier wird der Nicht-Ort von der Spielerin bzw. dem Spieler aktiv gestaltet; man erschafft also seine eigene Utopie.

**Von der Utopie zur Dystopie – Vom Traum zum Albtraum**

Die Utopie beschreibt die erzählerische Entfaltung eines idealen Gesellschaftsmodells. So geht es beispielsweise in den oben genannten Computerspielen in der Regel darum, eine möglichst gut funktionierende, friedvolle und produktive wie gebildete Gesellschaft aufzubauen.

Abhängig davon, welchen Schwerpunkt eine Utopie aufweist, kann man sie zum Beispiel in politische, gesellschaftlich-soziale oder technisch-wissenschaftliche Utopien kategorisieren.

Ein Beispiel für eine gesellschaftlich-soziale Utopie stellt Jonathan Swifts (1667–1745) Roman „Gullivers Reisen“ (1726) dar, der satirisch die sozialen Missstände seiner Zeit porträtiert, indem Gulliver zunächst das Land der Zwerge und anschließend das der Riesen besucht und dort merkt, wie ersetzbar menschliche Werte sein können.

Während gesellschaftliche, politische und soziale Missstände die Vorstellung von einer anderen, utopischen Welt beflügeln, die frei ist von all jenen negativen Aspekten, so führen technische Fortschritte, wissenschaftliche Erkenntnisse und politische Wandlungsprozesse auch zu gegenteiligen Überlegungen, zu abschreckenden bzw. negativen Gesellschaftsmodellen. Jene Utopien, die eher ein düsteres Bild einer Gesellschaft aufwerfen, werden auch als Dystopien oder negative Utopien bezeichnet. Eines der bekanntesten literarischen Werke über eine Dystopie ist George Orwells Roman „1984“ (vgl. S. 79 ff.).

[1] Konsultation: hier: Treffen zwischen Regierungen

Die Dystopien lassen sich oft vier verschiedenen thematischen Schwerpunkten zuordnen[1]:

(a) einem gesellschaftspolitischen Ansatz; hier spielt vor allem die Sorge vor totalitären Tendenzen eine Rolle;
(b) dem ökologischen Ansatz; die Klimaveränderungen und der Rückgang der Natur sind mögliche Schlagworte;
(c) dem infrastrukturellen Ansatz; die Sorge vor gesellschaftlichem Chaos durch Pandemien, Naturkatastrophen oder Bürgerkriege ist hier zentral;
(d) dem technologiespezifischen Ansatz; hier wird beispielsweise der Frage nachgegangen, inwiefern künstliche Intelligenz und Roboter eines Tages der Menschheit gefährlich werden könnten.

Utopien (und Dystopien) prägen seit Jahrhunderten den Alltag der Menschen. Manche Utopien, wie das Schlaraffenland oder Thomas Mores Vorstellung eines idealen Lebens auf seiner fiktiven Insel „Utopia", basieren auf Jahrtausende alten Mythen. Utopien finden sich in Erzähltexten, aber auch in Gedichten, Dramen, Filmen und Serien, Computerspielen – und manchmal auch bloß in der eigenen Vorstellung: „Wie sieht unsere Gesellschaft in 30, 800, 15000 Jahren aus?" – „Ach, das ist doch total utopisch, darüber nachzudenken!" – „Ja, ist es, und es lohnt sich!"

Originalbeitrag

[1] Nach: Ulf Abraham (2021): „Dystopien im Deutschunterricht". In: Praxis Deutsch, H. 287. S. 4–13.

## Aldous Huxley: Schöne neue Welt (Auszüge)

*Bei „Homo Empathicus" wird eine in Teilen utopische Gesellschaft in Form eines Theaterstücks dargestellt. Die folgenden Textauszüge stammen im Gegensatz dazu aus einem Roman. „Schöne neue Welt" aus dem Jahre 1932 von Aldous Huxley (1894–1963) ist neben „1984" von George Orwell (S. 79 ff.) eines der berühmtesten Beispiele für utopische Literatur. Das Geschehen spielt im Jahr 2540 n. Chr., was im Roman als 632 nach Ford (n. F.) bezeichnet wird. Dargestellt wird dort eine utopische Gesellschaft, die sich ihren allgemeinen Wohlstand durch eine strenge Planwirtschaft[1], die alle Bereiche des menschlichen Zusammenlebens umfasst, sichert. Die Fortpflanzung obliegt nicht mehr den Menschen selbst, sondern wird in einer Fertilisationsanlage[2] durchgeführt. Dort werden die Embryonen physisch und die Kleinkinder später psychisch auf ihren Platz in einem strengen Kastensystem[3] vorbereitet. Zu erkennen sind die Mitglieder der jeweiligen Kaste an ihrer farblich identischen Kleidung. Die gesellschaftliche Stabilität wird durch Ablehnung jeglicher Veränderungen, durch eine Freizeitgestaltung, die in erster Linie sexuelles Handeln und Konsum beinhaltet, und durch die Droge Soma gewährleistet.*

*Die folgenden Auszüge stammen aus den ersten Kapiteln des Romans, in denen erzählt wird, wie eine Studentengruppe vom Direktor des „Aufzuchtcenters" (DCK) durch die Anlage geführt wird.*

---

1 Planwirtschaft: Wirtschaftsform, bei der eine zentrale Stelle (der Staat) alle Entscheidungen zur Verteilung und Produktion der Güter nach einer festgelegten Zielvorstellung trifft

2 Fertilisation: Befruchtung, Verschmelzung von Ei- und Samenzelle bei der Fortpflanzung

3 Kastensystem: Einteilung in gesellschaftliche Gruppen (Kasten), die hierarchisch angeordnet sind. Enge soziale Kontakte sind nur innerhalb der eigenen Kaste gestattet, und die Zuordnung erfolgt ausschließlich über den jeweiligen Status der Eltern.

## *Auszug 1*

Ein Pulk neuer Studenten, sehr jung, rosig und unreif, folgte dem Direktor nervös und ziemlich devot[1] auf den Fersen. Alle hatten sie Notizbücher dabei, in die sie, wann immer der große Mann sprach, eifrig kritzelten. […]

„Damit Sie sich ein allgemeines Bild machen können“, sagte er ihnen dann. Ein allgemeines Bild mussten sie schließlich schon haben, wenn sie qualifizierte Arbeit leisten sollten – allerdings, da aus ihnen ja gute, glückliche Mitglieder der Gesellschaft werden sollten, eben so allgemein wie nur möglich. Denn der Schlüssel zu Tugend und Glück liegt, wie wir wissen, im Besonderen; das Allgemeine ist ein intellektuell notwendiges Übel. Nicht Philosophen, sondern Laubsäger und Briefmarkensammler bilden das Rückgrat der Gesellschaft.

„Ab morgen“, fügte er gerne an und lächelte seinen Studenten mit fast verhängnisvoller Leutseligkeit[2] zu, „werden Sie sich reinknien müssen, da wird Ihnen für das Allgemeine keine Zeit bleiben. Bis dahin aber …“

Bis dahin war es ein seltenes Privileg. Aus berufenem Munde direkt ins Notizbuch. Die Neulinge kritzelten wie verrückt.

Hochgewachsen und etwas hager, aber sehr aufrecht führte sie der Direktor hinein. Er hatte ein langes Kinn, große Zähne und einen ausgeprägten Überbiss, den seine vollen, üppig geschwungenen Lippen gerade noch bedeckten, wenn er nicht sprach. Alt, jung? Dreißig, fünfzig, fünfundfünfzig? Schwer zu sagen. Außerdem stellte sich die Frage nicht; in diesem ihrem Jahr der Stabilität, 632 n. F., wäre sie niemandem in den Sinn gekommen.

„Ich fange am Anfang an“, verkündete der DCK, und die Streber unter den Zuhörern hielten seine Ansicht in ihren Notizbüchern fest: *Fange am Anfang* an. „Das …“, er wedelte mit der Hand, „sind die Inkubatoren[3].“ Er zog eine Schutztür auf und zeigte ihnen unzählige Stellagen nummerierter Reagenzröhr-

---

[1] devot: unterwürfig
[2] Leutseligkeit: wohlwollende Freundlichkeit
[3] Inkubator: Brutkasten

chen. „Die wöchentliche Lieferung Ova[1]“, erklärte er, „die wir hier bei Körpertemperatur lagern, während die männlichen Gameten[2]“, er zog eine weitere Tür auf, „von siebenunddreißig auf fünfunddreißig Grad runtergeregelt werden. Volle Körpertemperatur macht steril[3].“ Thermowäsche macht den Bock zum Hammel, aber keine Lämmer.

Aldous Huxley: Schöne neue Welt, übersetzt von Uda Strätling, 9. Auflage 2021, S. Fischer Verlag, Frankfurt am Main, S. 8 f.

## *Auszug 2*

Draußen im Garten war Spielstunde. In der warmen Junisonne liefen sechs-, siebenhundert nackte kleine Jungen und Mädchen kreischend über den Rasen, spielten Ball oder hockten still zu zweit, zu dritt in den blühenden Sträuchern. Die Rosen blühten, zwei Nachtigallen monologisierten[4] im Gehölz, in den Linden traf ein Kuckuck letzte Töne. Die Luft war trunken vom Sirren der Bienen und Helikopter.

Der Direktor und seine Studenten verweilten etwas, um eine Partie Zentrifugen-Ballyhoo zu verfolgen. Zwanzig Kinder hatten sich im Kreis um einen Chromstahlturm aufgebaut. Ein auf die trichterförmige Plattform an der Spitze des Turms hochgeworfener Ball rollte nach innen, landete auf einer Zentrifugenscheibe, wurde zu einer der vielen Öffnungen des zylindrischen Gehäuses herausgeschleudert und musste gefangen werden.

„Eigenartig“, sinnierte der Direktor, als sie sich abwandten, „wenn man bedenkt, dass noch zu Zeiten Unseres Ford die meisten Spiele ohne viel mehr Gerät als einem Ball, ein paar Schlägern und gelegentlich etwas Netz gespielt wurden. Stellen Sie sich die Kurzsichtigkeit vor, Menschen ausgeklügelte Spiele spielen zu lassen, die in keiner Weise den Konsum steigern. Irrwitz. Heute lassen die Controller kein neues Spiel zu, das nicht erwiesenermaßen mindestens so viel an Ausrüstung

---

1 Ova: Eizellen
2 Gameten: Spermien
3 steril: hier: unfruchtbar
4 monologisiert: hier: längeres, lebhaftes Zwitschern

verlangt wie das raffinierteste der bereits existierenden.“ Er unterbrach sich.

„Was für ein reizendes Bild“, sagte er und wies mit der Hand. In einer kleinen Rasenbucht zwischen hohen Besenheidesträuchern waren zwei Kinder, ein Junge von etwa sieben Jahren und ein kleines, höchstens ein Jahr älteres Mädchen mit großem Ernst und der gesammelten Konzentration von Forschern an der Schwelle zu einer Entdeckung in ihr Spiel vertieft. Ein rudimentäres[1] Sexspiel.

„Reizend, reizend!“, wiederholte der DCK gerührt.

„Reizend“, stimmten ihm die Studenten höflich zu. […]

Aus einigen angrenzenden Sträuchern zerrte eine Pflegerin einen kleinen, greinenden[2] Jungen an der Hand hervor. Hinterdrein trottete ein besorgt blickendes Mädchen.

„Was gibt es?“, fragte der Direktor.

„Nichts weiter“, antwortete die Pflegerin mit einem Achselzucken. „Der Kleine hier scheint sich nur unwillig auf die üblichen erotischen Spiele einzulassen. Ich habe das nun schon ein-, zweimal bei ihm beobachtet. Und heute wieder. Als er angefangen hat zu schreien …“

„Ehrlich“, versicherte das besorgte kleine Mädchen, „ich wollte ihm nicht weh tun. Ehrlich.“

„Natürlich nicht, meine Liebe“, beschwichtigte die Pflegerin. „Ich werde ihn mal zum Stellvertretenden Chefpsychologen bringen. Er soll prüfen, ob da irgendetwas anormal läuft.“

Aldous Huxley: Schöne neue Welt, übersetzt von Uda Strätling, 9. Auflage 2021, S. Fischer Verlag, Frankfurt am Main, S. 38 ff.

## Nadja Peterson: Achtsamkeit in der Schule

Wie wäre es, im Unterricht zu lernen, was Stress verursacht und wie man besser damit umgehen kann? Wenn man in den Unterricht käme und nicht als Erstes mit den Lerninhalten begänne, sondern erst einmal mit einer Atemübung? Oder wenn man sich einmal ganz bewusst die Zeit dafür nähme, über sei-

[1] rudimentär: unvollständig
[2] greinen: jammern, weinerliches Klagen

ne Gefühle nachzudenken und mit den anderen darüber zu sprechen?

Was sich auf den ersten Blick vielleicht etwas esoterisch und nicht nach dem anhört, was die meisten Menschen mit ihren eigenen Erfahrungen in der Schule verbinden, ist für die Schülerinnen und Schüler des Elisabethengymnasiums in Frankfurt der ganz normale Schulalltag. Denn eine ihrer ehemaligen Lehrerinnen, Vera Kaltwasser, hat das Projekt Achtsamkeit in der Schule (AISCHU) ins Leben gerufen, bei dem verschiedene Achtsamkeitsübungen kontinuierlich in den Unterricht integriert werden. Dabei geht es vor allem um die Wahrnehmung des eigenen Körpers und der eigenen Emotionen, um Atem- und Dialogübungen und um die Vermittlung theoretischen Wissens, um das Lernen zu erleichtern.

Doch werfen wir zunächst einen Blick darauf, was das Wort Achtsamkeit bedeutet. Im Deutschen geht der Begriff auf das mittelhochdeutsche Wort „ahte“ zurück, was übersetzt Meinung, Gesinnung oder Beachtung im Sinne von Nachdenken meint. Der heutige Begriff wird laut Duden definiert als *„achtsam sein“*. Unter dem Adjektiv *„achtsam“* wiederum versteht man, dass jemand vorsichtig, sorgfältig, aufmerksam oder wachsam ist. Unser umgangssprachliches Verständnis von Achtsamkeit ist also eher auf den Umgang mit Gegenständen, Situationen oder anderen Menschen ausgerichtet. Wenn der Großvater beispielsweise sein antikes Schachspiel verleiht und „Geh achtsam damit um!” sagt, dann meint er, dass damit vorsichtig gespielt werden soll.

Neben diesem alltäglichen Verständnis des Begriffs gibt es jedoch noch ein weiteres Konzept von Achtsamkeit. Dieses stammt aus dem Buddhismus und wurde aus dem Englischen übersetzt, wo es *„mindfulness“* heißt. Gemeint ist eine innere Haltung, die sich ganz dem Hier und Jetzt widmet. Anstatt während der einen Handlung schon an die nächste zu denken, soll der Mensch ganz auf den gerade stattfindenden Moment achten. Wenn man zum Beispiel mit einer Freundin Kaffee trinkt, sollte man nicht schon währenddessen darüber nachdenken, welches Bild man danach auf Instagram hochladen

möchte. Wer sich in diesem Sinne achtsam verhält, lässt bewertende Gedanken auch einmal ruhen und beurteilt nicht jede Situation.
Das ist natürlich leichter gesagt als getan, doch hier können insbesondere gezielte Atemübungen und Meditationen helfen, um sich von unliebsamen Gedanken zu befreien. Auch lassen sich kleine Achtsamkeitsübungen in den Alltag integrieren, indem man sich zum Beispiel hin und wieder darauf konzentriert, wie sich etwas anfühlt oder wie es riecht. Dieses Konzept von Achtsamkeit basiert also in erster Linie auf der Wahrnehmung des eigenen Körpers bzw. der eigenen Gefühle und ist somit stärker auf das Individuum ausgerichtet, als das beim umgangssprachlichen Begriff der Fall ist. Auch wenn das nicht heißt, dass der achtsame Umgang mit sich selbst nicht auch dazu führen kann, dass man vorsichtiger mit seinen Mitmenschen umgeht und durch die Erkenntnis der eigenen Emotionen die der anderen besser versteht.
Was für den einen wie „Ringelpiez mit Anfassen“[1] klingen mag, erweckt auf der anderen Seite zunehmend das Interesse der Wissenschaft. Auch das Elisabethengymnasium wurde bei seinem Achtsamkeits-Projekt von Wissenschaftlern und Wissenschaftlerinnen der Hochschule Coburg begleitet, die anhand eines quantitativen Prä-Post-Vergleichs[2] eine signifikante[3] Verbesserung sowohl bei der physischen Stressbewältigung als auch bei der Emotionsregulation der getesteten Kinder feststellen konnten.
Auch wenn das Konzept der Achtsamkeit kein Allheilmittel ist,

---

1 „Ringelpiez mit Anfassen“: leicht abwertende Redewendung, die sich auf Kinderspiele bezieht, bei denen die Kinder im Kreis stehen und sich an den Händen halten

2 quantitativer Prä-Post-Vergleich: Forschungsmethode, bei der vor der Einführung einer Neuerung, z. B. eines Bildungsprogramms, eine Befragung durchgeführt wird. Diese bildet die Grundlage für die Befragung, die nach Einführung der Aktivität (am Ende) durchgeführt wird. Die Ergebnisse werden dann miteinander verglichen.

3 signifikant: so groß, dass die Ergebnisse nicht als zufällig angesehen werden können

kann es dabei helfen, die Aufmerksamkeitsspanne zu erhöhen, mit den eigenen und daraus folgend auch den Emotionen der anderen besser umzugehen und Stress abzubauen. Insbesondere der Deutschunterricht bietet hier auch thematisch einige Anknüpfungspunkte. So wird zum Beispiel beim Thema Kommunikation gefragt, wie die Verständigung der Menschen funktioniert und wie Modelle dabei helfen können, diese komplexen Vorgänge besser zu verstehen. Im Unterricht lernt man, wie man angemessen kommuniziert und sich dabei an die jeweiligen Konventionen[1] hält. Hier lassen sich Übungen wie der *achtsame Dialog*[2] verwenden, um genau das zu trainieren. Achtsamkeit kann dabei helfen, die eigene Persönlichkeit zu entwickeln und sich der Verantwortung in der Gesellschaft bewusst zu werden.

Originalbeitrag

## Anna-Kathrin Hentsch: Toxic Positivity – Warum zu viel Optimismus schaden kann

1 Konventionen: Regeln des Umgangs, die in einer Gesellschaft als verbindlich gelten

2 achtsamer Dialog: Gespräch, bei dem die Rollen des Sprechenden/der Sprechenden und des Zuhörenden/der Zuhörenden klar verteilt sind und bei dem keine Bewertung des Gesagten vorgenommen wird. Zudem wird das eigene Gesprächsverhalten reflektiert.

> […] Ein emotionales Dauergrinsen ist zum Must-Have der vergangenen Jahre geworden. Life-Coaches, Glücks-Magazine und Instagram-Sinnsprüche können allen, die nicht wissen, wie Glück geht, vermeintlich ganz einfach beibringen, sich durchs Leben zu lächeln. Alleine auf Instagram finden sich unter dem Hashtag #positivevibes über 78 Millionen Beiträge. […] Die Botschaft ist immer die gleiche: Eine positive Einstellung vertreibt negative Gedanken und mit dem richtigen Mindset kann jeder glücklich sein. […]

Wem das Leben Zitronen gibt, der soll also einfach Limonade daraus machen? Ziemlich viel Zuckerwasser, bei all den Ängsten und Sorgen, denen sich jeder Mensch tagtäglich ausgesetzt sieht. In einer Umfrage aus dem Jahr 2022 gaben insgesamt 75 Prozent der Befragten an, Angst vor einem Cyberkrieg zu haben. Bis zu 70 Prozent der Eltern machen sich große Sorgen um die Zukunft ihrer Kinder. Dazu kommt der aktuelle Krieg in der Ukraine. Aus diesen Ängsten resultieren naturgemäß Gefühle wie Traurigkeit, Wut und Hilflosigkeit. Wer diese negativen Gefühle wegschiebt und sich zwanghaft gute Laune verordnet, ist kein Optimist – den hat die Toxic Positivity erwischt.
Eine Studie untersuchte an College-Studenten, wie Toxic Positivity die mentale Gesundheit während der Pandemie beeinflusste. Die Befragten berichteten von Scham, ihre negativen Emotionen zu teilen. Als Grund dafür nannten sie das Abtun ihrer Emotionen durch ihr soziales Umfeld und die Nutzung sozialer Medien. In der Folge fühlten sie sich frustriert und traurig. „Wenn man als Person einen Verlust erlebt und dann nur gesagt bekommt, man solle an etwas Positives denken, ist das nicht hilfreich. In den sozialen Medien und im Umfeld findet da eine unglaubliche Vereinfachung und Übergeneralisierung[1] von optimistischer Lebenshaltung statt. Das ist Toxic Positivi-

---

[1] Übergeneralisierung: Der psychologische Begriff meint eine zu frühe und zu starke Verallgemeinerung, mit der anhand von festen Mustern versucht wird, auf wiederkehrende Ereignisse zu reagieren.

ty“, erklärt Dr. Britta Renner, Professorin am Psychologischen Institut der Universität Konstanz. […]

Die Positive Psychologie gibt es natürlich nicht erst seit Instagram. Sie setzt sich seit den 1980er-Jahren damit auseinander, wie viel positive Verzerrung hilfreich ist und ab wann sie dysfunktional[1] wirkt. Toxic Positivity ist ein populärwissenschaftlicher Begriff, der in den letzten Jahren vermehrt im US-amerikanischen Raum eingesetzt wurde. Der New Yorker Psychologe Dr. Konstantin Lukin definiert das Phänomen 2019 als Erster: Er beschreibt die Vorteile einer optimistischen Einstellung, „solange negative Gefühle nicht ignoriert oder unterdrückt werden“. Toxic Positivity beginne dort, wo man alles ablehne, was negative Gefühle auslöse. Unverarbeitete (negative) Emotionen würden dann nur größer.

Optimisten blicken mit einem leicht positiv verzerrten Blick auf sich, ihre Umwelt und die Zukunft. Hier macht das Maß den Unterschied zur Toxic Positivity, erklärt Prof. Dr. Renner: „Eine leichte positive Verzerrung ist funktionell, weil sie uns motiviert, Situationen konstruktiv anzugehen und sie zu bewältigen.“ Lerne man etwas Neues, müsse man über das, was man aktuell kann, hinausgehen. Ohne die leicht positive Erwartung, es zu schaffen, würde man sich nicht entwickeln. Metaanalysen[2] haben Optimisten unter anderem mehr Leistung, eine höhere Lebenserwartung und Genesungschancen und ein besseres soziales Netz bescheinigt.

Optimisten geht es also bestens? Nicht andauernd. Denn selbst der optimistischste Optimist hat nicht permanent positive Emotionen. Doch im Gegensatz zur toxischen Positivität kann er sehr effizient seine Handlungs- und Bewältigungsmöglichkeiten einschätzen und geht deshalb mit negativen Emotionen angemessen um. „Die extreme positive Verzerrung der Toxic Positivity macht einen angepassten Umgang unmög-

---

1 dysfunktional: das Gegenteil von funktional

2 Metaanalyse: statistisches Verfahren, bei dem die Ergebnisse mehrerer anderer Studien genutzt werden, um eine eigene Fragestellung zu untersuchen

lich. Doch negative Gefühle gehören zu einer funktionierenden Bewältigung", erklärt Prof. Dr. Renner. Emotionen zu unterdrücken verhindert nicht nur die angemessene Verarbeitung, es kostet auch viel Energie und kann krank machen. Der Psychoanalytiker Sigmund Freud benannte bereits Ende des 19. Jahrhunderts den Zusammenhang zwischen der Unterdrückung negativer Gefühle und Krankheiten. […]
Daneben haben negative Emotionen einen hohen funktionalen Wert. Egal ob der Mensch sich von einem Säbelzahntiger oder einer Prüfungssituation bedroht fühlt: Im Angesicht potenzieller Gefahren oder Verluste fokussieren negative Gefühle die Aufmerksamkeit auf die Quelle und motivieren, die Situation oder das Verhalten zu ändern. […]
Die Autorin Anna Maas setzt sich in ihrem Buch „Die Happiness-Lüge" mit schädlichem Optimismus auseinander. […] Die unangenehmen [Emotionen] können auf gesellschaftlicher Ebene meist etwas bewegen, meint sie: „Nur wer laut wird und negative Gefühle ausspricht, kann etwas ändern. Es braucht Proteste, Wut, Empörung und Frust, damit wir weiterkommen. Auch wenn das nicht immer Spaß macht." Das solle nicht heißen, dass positives Denken per se falsch wäre. Es sei notwendig und gesund, nicht in Negativspiralen abzurutschen und zwischendurch Kraft zu tanken. Dankbarkeits-Meditationen, positive Affirmationen[1] – erlaubt sei, was gefällt. Es gehe eben nur darum, dass die unangenehmen Gefühle dabei nicht verdrängt oder als „falsch" empfunden werden. […]

Anna-Kathrin Hentsch: Toxic Positivity, National Geographic online, 01.04.2022, The Walt Disney Company GmbH, München; www.nationalgeographic.de/wissenschaft/2022/04/toxic-positivity-warum-zu-viel-optimis mus-schaden-kann (Abruf: 09.10.2023)

---

1 Affirmation: kurze, positiv formulierte Sätze, die das Denken und das Unterbewusstsein verändern sollen („Ich bin liebenswert.")

# 5. Methoden zur Texterschließung

## Szenische Interpretation

Kaum eine andere literarische Gattung bietet sich für das eigene Nachspielen so sehr an wie die Dramatik. Das Hineinschlüpfen in verschiedene Rollen, die Nutzung unterschiedlicher Darstellungsverfahren (u. a. Standbild, das szenische Spiel) sowie die Variation der Vorlagen bieten unterschiedliche interpretative Zugänge an.

### Variante A: Das Standbild

Die Beziehungen zwischen den Figuren eines literarischen Textes, z. B. einer Dramenszene, lassen sich oft besonders gut durch ein Standbild veranschaulichen. Bei einem Standbild handelt es sich um eine eingefrorene Personengruppe. Die einzelnen Darsteller und Darstellerinnen des Standbildes sollen durch ihre Körperhaltung, durch ihre Position zueinander und durch ihre Gestik und Mimik das gegenseitige Verhältnis der Figuren sichtbar machen.

Die Beobachtenden, die nicht an der Erstellung des Standbilds beteiligt sind, beschreiben zunächst, was sie sehen, und versuchen dann eine Deutung des Standbildes.

Anschließend erklären die Darstellenden ihre Intention. Beim Bauen eines Standbildes gibt es verschiedene Möglichkeiten:

| | |
|---|---|
| **Das stumme Standbild** | Hierbei erarbeitet sich eine Gruppe von Schülerinnen und Schülern nach intensiver Auseinandersetzung mit dem Text eine Rollenverteilung für das Standbild und sammelt Ideen für die konkrete Gestaltung. Die Ausführung erfolgt dann durch einen „Regisseur“ oder eine „Regisseurin“. Durch sie werden die einzelnen Darstellenden wie Puppen modelliert. |
| **Das sprechende Standbild** | Es wird in fast allen Schritten so verfahren wie beim stummen Standbild, aber dieses Mal erhält jede/-r Darstellende den Auftrag, einen besonders bedeutsamen Satz aus der Textvorlage zu sprechen. |
| **Das angesprochene Standbild** | Die Darstellenden werden nach dem Einfrieren von den übrigen Schülerinnen und Schülern auf ihre Befindlichkeit und ihre Haltung gegenüber den anderen Figuren angesprochen und geben über das, was in ihnen vorgeht (Gedanken, Empfindungen), Auskunft. |
| **Das mobile Standbild** | Die Darstellenden bauen zunächst ein stummes Standbild. Auf ein Signal hin löst sich jedoch das Standbild auf, indem sich jeder einen oder mehrere Schritte von seinem Ort entfernt und anschließend seine Bewegungsrichtung begründet. |
| **Standbilder als Verdeutlichung eines Prozesses** | Mehrere unterschiedliche Standbilder verdeutlichen den Prozess und die Entwicklung in der Beziehung zwischen den Handlungsträgern. |

**Variante B: Das szenische Spiel**

Das konkrete szenische Spiel bedarf einer intensiveren Vorbereitung als das Standbild. Hier sind neben der Mimik und Gestik auch weitere Aspekte relevant wie die Sprechweise sowie gegebenenfalls die Kostümierung oder das Bühnenbild. Das szenische Spiel ermöglicht ein tieferes Eintauchen in den Text, da man sich durch das Nachspielen besser in einzelne Charaktere hineinversetzen und sich mit ihnen identifizieren kann. Bei dem Stück „Homo Empathicus“ bietet es sich zudem an, einzelne Szenen umzuschreiben und zu schauen, wie die Szenen im realen Alltag aussehen bzw. ablaufen würden. Auch diese Variante ist spielbar.

**Fragen zur …**

- Vorbereitung des Textes: Hábe ich meinen Spŕechtext vórbereitet? | Hábe ich Páusen gekénnzeichnet (z. B. durch einen Strich |)? | Hábe ich die Sílben, die ich betónen möchte, ébenfalls gekennzeichnet (z. B.: durch Markierungen über den Silben)?
- Mimik und Gestik: Habe ich mir überlegt, wie sich meine Figur bewegen, wie sie sprechen würde? Unterstützen meine Mimik und Gestik, was ich darstellen und sagen möchte? Wirken die Mimik und Gestik authentisch und passen sie zu dem Charakter meiner Figur?
- Bühnengestaltung: Trage ich Kleidungsstücke, die zu meinem Charakter/der Atmosphäre/zum zeitlichen Kontext passen? Kann ich weitere (alltägliche) Requisiten verwenden?

**Checkliste zur Darstellung**

- Beachtung des Textumfangs und der Aufgabenstellung
- Werden die Aspekte, die in der Textstelle wichtig sind, in der Darstellung deutlich?
- Sind Mimik und Gestik überzeugend?
- Wird klar und deutlich gesprochen?

**Variante C: Die Rollenbiografie**

Bei einer Rollenbiografie schlüpfen Sie gewissermaßen in eine der handelnden Figuren und stellen sich aus deren Perspektive einem imaginären Publikum vor. Bereiten Sie diese Vorstellung vor, indem Sie folgende Fragen stichwortartig beantworten:

1. Wer sind Sie? Welche Rolle spielen Sie im Schauspiel?
2. Welche Beziehung haben Sie zu anderen Rollenträgern und -trägerinnen?
3. Wie werden Sie von diesen wahrgenommen?
4. Gibt es etwas aus dem Handlungsgeschehen, was Sie besonders beeindruckt?
5. Was macht Sie besonders glücklich?
6. Wovor haben Sie möglicherweise Angst?
7. Wie stellen Sie sich Ihre Zukunft vor?
8. Eine Fee schenkt Ihnen drei Wünsche. Was würden Sie sich wünschen?
9. …

Stellen Sie sich anschließend Ihrer Lerngruppe, die weitere Fragen stellen kann, in der Ich-Form vor.

## Die schriftliche Interpretation und die literarische Erörterung

*Im Folgenden finden Sie einige Hinweise, wie Sie vorgehen können, wenn Sie sich schriftlich mit dem Schauspiel „Homo Empathicus" auseinandersetzen sollen. Dabei geht es zunächst um die Interpretation eines Textauszugs und anschließend um das, was man literarische Erörterung nennt.*

### A. Die Interpretation eines literarischen Textes

#### *1. Das Ziel einer Interpretation*

Das **Ziel** besteht darin, ein eigenständiges **Verständnis** mehrdeutiger literarischer Texte zu entwickeln und zu begründen. Eine Interpretation sollte folgende **Bestandteile** enthalten:

- eine **Analyse** (genaue Beschreibung und Untersuchung) von Inhalt, Aufbau und Sprache eines literarischen Textes
- eine **Interpretation** (Deutung) der Analyseergebnisse, die
  - auf gegenseitige Abhängigkeiten und Wechselbeziehungen eingeht sowie

- je nach Aufgabenstellung literaturgeschichtliche und gattungsspezifische Kenntnisse einbezieht.

Im Folgenden erhalten Sie einige Tipps, wie Sie bei der **Interpretation eines literarischen Textes, z. B. einer Szene**, vorgehen können und wie eine solche Interpretation aufgebaut werden kann.

## *2. Vorarbeiten*

Lesen Sie die entsprechende Textstelle sorgfältig durch und markieren Sie alle Auffälligkeiten, z. B. inhaltliche Einschnitte, Kernaussagen, bewusste Andeutungen und sprachliche Besonderheiten, insbesondere Bilder und rhetorische Figuren. Fassen Sie Ihre Erkenntnisse, z. B. Charaktermerkmale der Figuren, Sprechhaltungen, Deutungsaspekte zusammen und notieren Sie Bezüge zu anderen Textpassagen inner- oder außerhalb der vorgegebenen Textstelle.

## *3. Auswahl einer geeigneten Interpretationsmethode*

Texte können auf unterschiedliche Weise interpretiert werden, im Wesentlichen geht es dabei um zwei Methoden:

**Die lineare Interpretation**
Der Text wird von oben nach unten bzw. vom Beginn bis zum Ende bearbeitet. Dabei geht man nicht Satz für Satz vor, sondern kennzeichnet zunächst den Aufbau des Textes und untersucht die einzelnen Abschnitte nacheinander. Der Vorteil dieser Methode besteht darin, dass ein Text sehr detailliert und genau bearbeitet wird. Vor allem bei kürzeren Auszügen ist diese Vorgehensweise zu empfehlen.
Man kann sich jedoch auch im Detail verlieren, die eigentlichen Deutungsschwerpunkte zu sehr in den Hintergrund drängen und den Zusammenhang aus dem Auge verlieren, wenn man zu kleinschrittig vorgeht.

**Die aspektgeleitete Interpretation**
Nach den Vorarbeiten legt der Schreiber bzw. die Schreiberin bestimmte Untersuchungsaspekte fest und arbeitet diese nacheinander am Text ab. Manchmal werden diese Untersuchungsaspekte auch bereits durch die Aufgabenstellung eingefordert.
Der Vorteil dieser Methode besteht darin, dass der Leser/die Leserin von Beginn an auf zentrale Untersuchungsaspekte hingewiesen werden kann.
Ein Nachteil kann darin bestehen, dass einige Deutungsaspekte, die als nicht so gewichtig angesehen oder nicht erkannt werden, unter den Tisch fallen.

## *4. Der Aufbau einer linearen Analyse und Interpretation*

a) Einleitung:
Daten zu dem Text, aus dem der Auszug/die Szene stammt (Titel, Autor/Autorin, Entstehungszeit, evtl. historischer Hintergrund, Epoche), Ort, Zeit und Figuren, kurze Übersicht über den Inhalt und das Thema, Deutungsthese/Deutungsschwerpunkt

b) Einordnung des Textauszugs in den inhaltlichen Zusammenhang (Was geschieht vorher, was nachher?)

c) zusammenfassende Aussagen zum inhaltlichen Aufbau, zu den Textabschnitten (kann auch in den folgenden Teil einfließen)

d) genaue Analyse und Interpretation der Textabschnitte durch Aussagen:
- zum Inhalt des jeweiligen Abschnitts mit Nennung des Zeilenumfangs,
- zur sprachlichen Gestaltung als Beleg für die Deutungen,
- zur Deutung auf der Grundlage einer genauen Verbindung von Inhalt und Sprache, evtl. auch mit einer Einordnung der Deutungen in den Gesamtzusammenhang des Textes

Eine Überleitung bereitet die Interpretation des nächsten Textabschnitts vor (neuer Gesichtspunkt, Weiterführung eines bereits artikulierten Gedankens, Steigerung, Kontrast).

e) Schlussteil:
Zusammenfassung der Ergebnisse, deren Einordnung in den Gesamtzusammenhang des Werks und in den zeitgeschichtlichen Hintergrund (falls sie nicht schon im Rahmen der linearen Interpretation erfolgt ist), Anknüpfung an gattungsspezifisches Wissen und an Kenntnisse von vergleichbaren Werken, persönliche Wertungen …

## *5. Der Aufbau einer aspektgeleiteten Analyse und Interpretation*

Die zuvor aufgelisteten Punkte a), b) und e) (S. 131) gelten auch für diese Methode der Textbearbeitung. Es ändern sich die Punkte c) und d).

c) Kennzeichnung der Aspekte im Überblick, die im Folgenden detailliert am Text/Textauszug untersucht werden sollen
d) Analyse und Interpretation des Textes/Textauszugs entsprechend den zuvor genannten Aspekten:
   - Nennung des jeweiligen Untersuchungsaspekts,
   - Kennzeichnung des inhaltlichen Zusammenhangs, in dem er relevant ist,
   - Aussagen zur sprachlichen Gestaltung als Beleg für die Deutungen,
   - Aussagen zur Deutung auf der Grundlage der genauen Verbindung von Inhalt und Sprache, evtl. auch zur Einordnung der Deutungen in den Gesamtzusammenhang des Textes,
   - Überleitung zum nachfolgenden Untersuchungsschwerpunkt

## 6. Erstellen eines Schreibplans

- Bevor Sie mit der Verschriftlichung beginnen, sollten Sie einen Schreibplan erstellen. Gehen Sie dabei von der gewählten Interpretationsmethode aus und schreiben Sie die Ergebnisse der Textbearbeitung stichwortartig auf.
- Stellen Sie bei der **linearen Bearbeitung** die einzelnen **Abschnitte** ins Zentrum Ihres Plans und notieren Sie Stichworte zu den Bereichen **Inhalt, Sprache, Deutung** und **Überleitung** zum folgenden Abschnitt. Berücksichtigen Sie dabei die Vorarbeiten und korrigieren Sie gegebenenfalls Ihre ersten Eindrücke.
- Bei der **aspektgeleiteten Methode** gehen Sie entsprechend von den festgelegten **Untersuchungsschwerpunkten** aus. Arbeiten Sie auch hier zunächst mit Stichworten.
- Schreiben Sie anschließend einen **Einleitungsteil** wie zuvor vorgeschlagen (siehe S. 131) und überprüfen Sie, ob Einleitung und Stichworte des Schreibplans zueinander passen.

## 7. Auch das sind wichtige Tipps für die Analyse und Interpretation eines literarischen Textes

- Vergessen Sie bei dramatischen Texten nicht, die Regieanweisungen in die Interpretation einzubeziehen.
- Beachten Sie, wie die Dialogpartner und -partnerinnen miteinander sprechen, welche Gesten sie vollführen und welche Beziehung sie zueinander zum Ausdruck bringen. Beziehen Sie Ihr Wissen aus der Kommunikationstheorie mit ein.
- Belegen Sie Ihre Deutungsaussagen mit dem Wortmaterial des Textes. Verweisen Sie entweder auf sprachliche Besonderheiten oder arbeiten Sie mit direkten (wortwörtlichen Übernahmen in Anführungszeichen) und indirekten (im Konjunktiv der indirekten Rede wiedergegebenen) Zitaten.

- Bauen Sie direkte Zitate korrekt in Ihre eigenen Sätze ein oder arbeiten Sie mit Redeeinleitungen. Vergessen Sie nicht, die Fundstelle anzugeben (Versnummer oder Seite + Zeile bei direkten und indirekten Zitaten).
- Verwenden Sie für die Beschreibung des Wortmaterials die entsprechenden Fachausdrücke (Wortarten, Satzarten, rhetorische Figuren …).
- Vermeiden Sie alltags- bzw. umgangssprachliche Formulierungen.
- Schreiben Sie im Zusammenhang. Verlieren Sie den „roten Faden“ nicht aus den Augen. Folgt ein neuer Gesichtspunkt, formulieren Sie nach Möglichkeit eine Überleitung.
- Machen Sie die gedankliche Gliederung Ihres Textes auch äußerlich durch Absätze deutlich.

## B. Die Erörterung literarischer Texte

### *1. Das Ziel einer literarischen Erörterung*

**Ziel** der Erörterung ist eine **argumentative Auseinandersetzung** mit dem literarischen Text, den in ihm enthaltenen Herausforderungen und Fremdheitserfahrungen sowie umstrittenen Sachverhalten, z. B.:

- mit Fragen der literaturgeschichtlichen Einordnung,
- mit Rezeption und Wirkung,
- mit Aspekten und Problemen des literarischen Lebens.

Eine Erörterung sollte **eine Argumentation als Schwerpunkt** enthalten, die

- sich im Rahmen der Aufgabenstellung auf die Analyse und Interpretation des literarischen Ausgangstextes stützt,
- eigenständig ein Textverständnis formuliert, in das persönliche Leseerfahrungen, alternative Lesarten und umstrittene Auffassungen einfließen,
- das im Unterricht erworbene Wissen in Beziehung zu Wertvorstellungen, Welt- und Selbstkonzepten setzt,

- gattungsspezifische und literaturgeschichtliche Kenntnisse über die Literaturepochen von der Aufklärung bis zur Gegenwart einbezieht.

## 2. Zwei Möglichkeiten der Aufgabenstellung

1. Ihnen liegt ein – meist kürzerer – Sekundärtext, der auch Außentext genannt wird, vor, in dem eine Autorin oder ein Autor eine bestimmte Sicht auf einen literarischen Text (Primärtext) formuliert, mit der Sie sich argumentativ auseinandersetzen sollen. Stimmen Sie dieser Sicht zu? Kommen Sie zu ganz anderen Erkenntnissen? Diese Art der literarischen Erörterung ist die häufigste. Im Folgenden wird weitgehend darauf eingegangen.
2. Die Aufgabenstellung bezieht sich unmittelbar auf einen Primärtext oder aber auch auf zwei Primärtexte und verlangt von Ihnen – unabhängig von einem Sekundärtext – die Erörterung einer konkreten Fragestellung, die sich aus dem literarischen Text bzw. den literarischen Texten ergibt (Frage nach der Schuld, nach einem bestimmten Menschenbild, nach der möglichen literaturgeschichtlichen Einordnung, nach der Relevanz des Textes für die Gegenwart ...). Diese Aufgabenstellung ähnelt der aspektgeleiteten Bearbeitungsmethode (siehe S. 131, 132 ff.), sie nimmt jedoch von Beginn an den gesamten Primärtext bzw. zwei Primärtexte in den Blick. Diese Art der Aufgabenstellung kommt weniger häufig vor.

## 3. Vorarbeiten und Vorgehensweise

- Lesen Sie die Aufgabenstellung sorgfältig durch. Möglicherweise wird bereits dort ein zu erörternder Aspekt oder eine zu erörternde Frage genannt. Bearbeiten Sie anschließend den Sekundärtext. Markieren Sie zentrale Textstellen, die Aufschluss geben über die Sicht des Autors oder der Autorin auf den Primärtext. Formulieren Sie den möglichen Kerngedanken des Sekundärtextes in Form einer These.

- Überprüfen Sie, ob der Sekundärtext im Wesentlichen nur eine These enthält oder ob bzw. wie diese argumentativ entfaltet wird. Markieren Sie gegebenenfalls die Argumente mit einer anderen Farbe und listen Sie diese stichwortartig auf.
- Stimmen Sie der These und den Argumenten zu oder sind Sie aufgrund Ihres Wissens und Ihrer Sicht auf den Primärtext anderer Meinung? Versehen Sie die These und die Argumente jeweils mit einem + = Ich stimme zu, einem – = Ich stimme nicht zu oder einem +/– = Ich bin teilweise anderer Meinung.
- Formulieren Sie nun eine These, die Ihre Sicht wiedergibt, und ordnen Sie dieser eigene schlagkräftige Argumente zu. Beziehen Sie dabei bereits auch Belege aus dem Primärtext, die Ihre Argumente stützen, mit ein.
- Das gilt auch, wenn Sie dem Primärtext weitgehend zustimmen. In diesem Fall geht es darum, eine entsprechende Argumentation differenziert zu entfalten, die im Sekundärtext vielleicht nur angedeutet ist.

## *4. Der Aufbau einer literarischen Erörterung*

1. Einleitung:
   - Daten zu dem Sekundärtext (Titel, Autor/Autorin, Entstehungsdatum, Publikationsmedium/Veröffentlichungsort, Thema des Sachtextes und dessen Relevanz für den Primärtext),
   - gegebenenfalls Worterklärungen,
   - Daten des Primärtextes (Titel, Autor/Autorin, Entstehungszeit, evtl. historischer Hintergrund, Epoche)

2. Zusammenfassung des Sekundärtextes:
   - zentrale Gedanken und These(n) des Textes,
   - argumentative Entfaltung der These(n),
   - Bewertung der Argumentationsweise,
   - gegebenenfalls Analyse der sprachlichen Gestaltung (wissenschaftliche, sachliche, polemische ... sprachliche Gestaltung) als Grundlage für die Bewertung

3. Die eigene Position:
   - thesenartige Formulierung der eigenen Position,
   - argumentative Entfaltung der eigenen Position mit differenziertem Bezug zum Primärtext,
   - Einbeziehung des Sekundärtextes in die eigene Argumentation (Warum werden die Kernthese und die Argumente abgelehnt? Warum wird ihnen zugestimmt? Wo erfolgt grundsätzlich eine Zustimmung? Wo wird jedoch eine etwas differenzierte Position eingenommen?),
   - Entscheidung für eine Argumentationsform (Sanduhr = Gegenüberstellung zweier Argumentationsreihen; Wechsel innerhalb der Argumentationsreihen = Prinzip des Einerseits-Andererseits; lineare Argumentation = Ausarbeitung einer Argumentationsreihe)
4. Schlussteil:
   - gegebenenfalls Aufgreifen des (eigenen) wichtigsten Arguments,
   - zusammenfassende Bewertung des Sekundärtextes unter Rückbezug auf die eigene Argumentation

## *5. Erstellen eines Schreibplans*

- Bevor Sie mit dem Schreiben beginnen, sollten Sie auch hier wie bei der Interpretation eines literarischen Textes (s. S. 133 f.) einen Schreibplan erstellen.
- Hier bietet es sich wie bei einer linearen oder antithetischen Argumentation an, eine Gliederung mit entsprechenden Ziffern anzulegen. Dieses Verfahren kennen Sie sicher aus den vergangenen Schuljahren.
- Sinnvoll kann es auch sein, wenn Sie eine Tabelle anlegen, in der Sie die Pro- und Kontra-Argumente stichwortartig auflisten und gegenüberstellen. Entwickeln Sie aus dieser Gegenüberstellung eine entsprechende Struktur Ihres Textes (Welches Argument ist Ihnen besonders wichtig? Welches Argument können Sie diesem gegenüberstellen?).

## *6. Auch das sind wichtige Tipps für das Verfassen einer literarischen Erörterung*

- Argumente werden dadurch besonders schlagkräftig, dass man sie entsprechend belegt. Hier können Sie ganz allgemein auf Ihr Wissen aus den vergangenen Schuljahren zurückgreifen.
- Bei der literarischen Erörterung kommt es in besonderer Weise darauf an, dass Sie mit dem Primärtext arbeiten, indem Sie z. B. auf den Inhalt, die Figuren, die Handlungsorte, die Sprache und Interpretationsergebnisse aus dem Unterricht zurückgreifen. Sie müssen sich also sehr gut in dem Primärtext auskennen.
- Im Einzelfall sollten Sie auch hier mit direkten und indirekten Zitaten arbeiten. Da Sie sich auf den gesamten Text beziehen, kommt dieses allerdings in etwas reduzierterer Form vor als bei der Analyse und Interpretation eines Textauszugs.
- Zählen Sie die Argumente nicht einfach auf, sondern verknüpfen Sie diese, sodass „der rote Faden" sichtbar wird und Ihr Text eine entsprechende Struktur erhält (Besonders zum Tragen kommt hier ... Ein weiteres wichtiges Argument ist ... Einschränkend muss jedoch festgehalten werden, dass ... Nicht einleuchtend ist aber die Aussage des Autors/der Autorin, dass ..., weil ...).
- Weitere Hinweise finden Sie auf S. 133 f.

**Bildnachweis:**

|akg-images GmbH, Berlin: 112.1, 116.1; Pictures From History 79.2. |Alamy Stock Photo, Abingdon/Oxfordshire: Panther Media GmbH 122.1. |Alamy Stock Photo (RMB), Abingdon/Oxfordshire: Lebrecht Music & Arts 110.1. |Aurin, Thomas, Berlin: Deutsches Theater Göttingen 93.1, 93.2, 94.1, 96.1, 96.2. |Kassing, Reinhild, Kassel: 126.1. |Nikol Verlagsgesellschaft mbH & Co. KG, Hamburg: George Orwell: 1984, Neue Ausgabe, Nikol Verlag, 2021 82.1. |Picture-Alliance GmbH, Frankfurt a.M.: akg-images 77.1; dpa/Kaufhold, Martin 68.1, 92.1. |stock.adobe.com, Dublin: Dinosoftlab 79.1.